国家出版基金项目
NATIONAL PUBLICATION FOUNDATION

20世纪人文地理纪实 第二辑
主编: 杨镰

西行杂记

李孤帆/著 赵稀方/整理

Xixing Zaji

中国青年出版社

（京）新登字083号

图书在版编目（CIP）数据

西行杂记/李孤帆著；赵稀方整理. —北京：中国青年出版社，2012.12
（20世纪人文地理纪实）

ISBN 978-7-5153-1273-6

Ⅰ.①西… Ⅱ.①李…②赵… Ⅲ.①游记–西南地区–文集②游记–西北
地区–文集 Ⅳ.①K928.9–53

中国版本图书馆CIP数据核字（2012）第277855号

*

中国青年出版社 出版 发行

社址：北京东四12条21号 邮政编码：100708

网址：www.cyp.com.cn

编辑部电话：(010)57350511 门市部电话：(010)57350370

三河市世纪兴源印刷有限公司印刷 新华书店经销

*

675×975 1/16 12.25印张 2插页 144千字

2012年12月北京第1版 2012年12月河北第1次印刷

印数：1–5000册 定价：25.00 元

本图书如有印装质量问题,请凭购书发票与质检部联系调换

联系电话：(010)57350337

《20世纪人文地理纪实》

总 序

20世纪，是人类社会进展最快的世纪。20世纪的通行话语是"变革"。

就中国而言，自进入20世纪，1911年"辛亥革命"为延续数千年的中国封建王朝的谱系画上了句号，1919年"五四"运动，新文化普及，1921年中国共产党成立，为现代中国奠定了基础。20世纪前50年间，袁世凯"称帝"、溥仪重返紫禁城，北伐、长征、抗日战争……直至1949年中华人民共和国成立，新中国受到举世关注。此后，特别是从"文化大革命"到改革开放，这些历史事件亲历者的感受，深刻影响了一代又一代人。

20世纪是中国进入现代时期的关键的、不容忽视的转型期，以20世纪前半期为例，1900年，"八国联军"践踏中华文明，举国在抗议中反思；1901年，原来拒绝改良的清廷宣布执行新政；1906年，预备立宪……以世界背景而言，"十月革命"，两次"世界大战"，成立联合国……1911年到1949年，仅仅历时30多年，中国结束了封建社会，经历了半封建半殖民地到社会主义的巨大跨越。反思20世纪，政治取向曾被视为文明演进的门槛，"不是革命就是反革命"，不是红，就是黑，一度成为舆论导向，影响了大众思维。

无可否认，在现代社会，伴随社会的进步、发展，中华民族的民主、科学精神逐步深入人心的过程，是中国历史最具影响力的事件，是可持续发展的推动力、中国现代时期的鲜明特点。

《20世纪人文地理纪实》则为这一影响深远的历史过程，提供了真实生动的佐证。

20世纪的丰富出版物中，一定程度上因为政治意图与具体事件脱节，人文地理著作长期以来未能受到充分关注，然而文学、历史、政治、文化、语言、民族、宗教、地理学、边疆学、地缘政治……等学科，普遍受到了人文地理读物的影响，它们是解读20世纪民主、科学思维成为社会主流意识的通用"教材"。

人文地理纪实无异于在社会急剧变革过程进行的"国情调研"，进入20世纪的里程碑。没有这部分内容，20世纪前期——现代时期，会因缺失了细节，受到误解，直接导致对今天所取得的成就认识不足。

就学科进展而言，现代文学研究是最早进入社会科学研究前沿位置的学科之一，《20世纪人文地理纪实》则为现代文学家铺设了通向文学殿堂的台阶：论证了他们的代表性，以及他们引领时代风气的意义。

与中华文明史、中国文学史的漫长历程相比，从"辛亥革命"到中华人民共和国建立，30多年短如一瞬间，终结封建王朝世系，弘扬社会主义精神文明，是现代时期定位的标志。

"人文地理"，是以人的活动为关注对象。风光物态、环境变迁、文物古迹、地缘政治……作为文明进步的背景，构建了"人文地理"的学术负载与阅读空间。

关于这个新课题，第一步是搜集并选择作品，经过校订整理重新出版。民国年间，中国的出版业从传统的木刻、手抄，进入石印、铅印出版流程，出版物远比目前认为的（已知的）宽泛，《20世纪人文地理纪实》的编辑出版，为现代时期的社会发展提供了参照，树立了传之久远的丰碑。否则，经过时间的淘汰，难免流散失传，甚至面目全非。

《20世纪人文地理纪实》与旅游文学、乡土志书、散文笔记、家谱实录等读物的区别在于：

人文地理纪实穿越了历史发展脉络，记录出人的思维活动，人的得失成败。比如边疆，从东北到西北，没有在人文地理纪实之中读不到的盲区。21世纪，开发西部是中国现代化可持续发展的重要内容。开发西部并非始于今天，进入了现代时期便成为学术精英肩负的使命：从文化相对发达的中原前往相对落后的中西部，使中西部与政治文化中心共同享有中华民族的丰厚遗产，共同面对美好前景。通过《20世纪人文地理纪实》，我们与开拓者一路同行，走进中西部，分享他们的喜怒哀乐、分担他们的艰难困苦。感受文明、传承文明。源远流长的华夏文明与中华民族的文化，不会因岁月流逝、天灾人祸，而零落泯灭。

《20世纪人文地理纪实》是20世纪结束后，重返这一历史时期的高速路、立交桥。

《西行杂记》序言

赵稀方

　　《西行杂记》作者李孤帆，目前所知不多。据书中所记，他1937年7月到香港，工作于香港的银行。李孤帆虽从事金融工作，对于人文地理却具有浓厚的兴趣，书中常常征引历史典故及古典诗词，表现了较高的文化素养。从书中的叙述和议论看，作者的立场并非属于左翼，而是一个关心国事、爱国抗战，受限于民国政府视野的人。可注意的还有职业性，每到一个地方，他都较为关注本地的银行，打交道的也常是银行中人。在我们读惯了左翼或右翼文人的现代史叙述后，这一篇职业金融人士的西行记录，或者让人不无兴趣。

　　李孤帆于1939年3月离开香港，历经重庆、兰州、西宁、临夏、河西、西安、桂林等地，历时九个月零十天才回到香港。作者是一个有心人，在这一次游历中，他既观察到了抗日战争给中国西南、西北所带来的冲击，记录了中国各地积极备战的情形，又详细记录了所经各地的地理、民族、宗教、民俗乃至物产、物价等种种情况。这一本《西行杂记》，再加上书中所附途中所摄影的照片，具有政治、历史、地理、民族乃至文学等多方面的价值。

　　航班离开香港后，经桂林至重庆，重庆成为作者进入中国腹地的出发点。此时的重庆，还未成为陪都，不过抗战已经给它带来了巨大变化。重庆战争前人口仅四十余万，国府的迁入，加上所带来的各院部会的职员和家属，使得人口暴增到六十万。这使得街道拥挤不堪，

"走在马路上，行人摩肩接踵，较为狭小的街道，简直如散戏馆的模样，行人有无从插足之苦，加以交通工具的复杂，公共汽车的缺乏，于是只有人力车和轿子两种代步的东西，复以道路高低不一，忽而上坡，忽而下坡，加之私人汽车横冲直撞，于是行人真有'蜀道难'之叹了"。如果碰到日本飞机来袭，疏散人口，那么情形就更加混乱了。书中还谈到了当时重庆人的关注所在，"重庆人大家所谈的，除前方的消息和抗战的前途以外，尚有盼望政府开征战时利得税，以杜绝居奇垄断，致无法疏散的人民受到生活困难的影响"。

作者在重庆游览了南温泉、南山及重庆南岸。所思所感，既有家国之痛，也有内政腐败之苦。在南山赏花时，作者想到几年前在北京中山公园、三海与颐和园及回途在华山赏花的情景，"今则北平已非复我有，华山仍屹立如常，长安市中赏花者不知为何等人物了？可见游山玩水也须赖国力的保障，否则在强邻压境的时候，纵有名胜古迹，更有何欣赏的权利呢？"在游重庆南温泉的时候，遇到的问题则来自国内特权集团，党政军校各集团占据了温泉，使得普通百姓无权享用，这也让作者感到"缺憾"。

西北之行的第一站，是兰州。作为一个具有社会学素质和人文素养的作者，书中虽以景点浏览为主，但很注意从多方面观察记录1939年的兰州社会状况，给我们留下了弥足珍贵的史料。

政府号召抗战，"兰州的省政府上自主席朱一民先生，下至各厅厅长和各省府人员，没有一个不励精图强"。不过，地方官吏却多不法之徒。公务员兼营商业，居奇垄断，使得物价飞涨。书中具体记录了当时生活品的价格，"普通蓝布每尺九角，牛肉每斤六角，蔬菜每十把一角，做成熟菜仅有半碗，肥皂每四小块一元，洋烛每包一元四角，火柴每十小盒三角五分，煤每吨四十五元，煤油每箱四十元……"外县的税务官吏，能以收入的十分之三缴财政当局的，已经称得上廉吏了。如此就造成了贫富的悬殊，"榨取者的财富愈聚愈多，被榨取者的生活愈缩愈紧，这是自然的结果。一般贫民多拿棒子和洋山芋为充饥的食料，小孩子多没有裤子，大人的衣服也都破陋不堪。"这已经是具有初步"阶级"观点的批判性观察了。

在人口上，据警察局的调查，兰州有十万〇三千人。在民族构成上，兰州汉族居十分之八，回族占十分之二，另有小部分的藏番蒙古及新疆的维吾尔族，还有不少苏联侨民。在与回族及苏联侨民的对照中，作者发现了汉族的弊病，"我们的汉族同胞，男的多染有吸鸦片的嗜好，女的多数还是缠脚的，反观回教徒，男不吸烟，女不缠足，人人健康劳作，真替汉族同胞捏一把汗。又见苏联同志，体格魁梧，服装整洁，驾御飞机和载重汽车，往来中苏，毫无长途跋涉的倦容，他们勇敢和服劳的精神，岂是我们萎靡不振的汉族同胞所可望其项背的吗？"这种对于种族性的观察，对于汉民族文化习性的批判，是相当犀利的。这让我们想起五四以来有关国民性的批判，不过这里的视角并不限于中国和苏联的国别比较，还有国内的汉民族与回民的比较。

在兰州附近，作者浏览了五泉山、节园、石家湾及小西湖、金山寺等地，还试了西北黄河上特有的皮筏。然后就往西北之行的第二站青海进发。

青海较为贫穷，没有电灯，也没有人力车，不过青海的治理却让作者钦佩。一是禁止鸦片，"从民国初年马主席的封翁马公阁臣当镇守使时起，即已禁种鸦片，以后即悬为厉禁，财政尽管困难，烟禁决不开放，实为西北各省之冠"。二是公民训练做得好，无论任何人，自十八岁至五十岁，一律进行做操等公民训练，还有劳动服役、保甲制度也很严格，"城内连小偷都已经绝迹"。

西宁的教育程度，虽不如东南、西南可比，然而也相当发达。据书中记载：中央方面设立的有中央政治学校、西宁蒙藏分校；英庚创设的有三高中；省政府设立的，有蒙藏师范学校等。小学每村都有。作者参观了回中，校长系马步芳省长兼任，军事化管理。

报业则不太发达，仅有《民国日报》一种，"且消息不灵，印刷不良，闻系党部主办，殊欠精神"。另外还有三民主义青年团所刊，回教促进会的《星月周刊》，西宁县政府教育科所办《教育通讯》，仅此而已。

在民族关系上，青海方面少数民族较兰州为多。西宁的人口包括汉、满、蒙、回、藏、土六种民族，汉族为十万人，回族五万人，藏族七千人。作者对回族"严守教律"评价较高，对于蒙族和藏族却多有批评，"蒙族处处畏缩，一切言语文字，生活习惯，已与藏族同化，其祖宗尚武勇敢的遗传性已消失无遗；藏族虽籍有黄教的深入蒙藏两族的人心，和其民族强悍的性格，但因为男女关系的过分自由，以致患性病的很多，人口的繁殖力已缩至极度"。

作者对于青海有高度的期望，因为现在的中国，东北早已成满洲国，东南各省也已沦陷，西南已被国际资本主义所包围，新疆貌合神离，陕甘已临前方，"以挽救垂绝的国命的，只有青海的一片净土了"。他提出："倘能由中央与青海当局彻底合作，将东南一带的人民，移殖青海等处隙地，做有计划的经济建设，则福国利民无过于此了。"作者对于青海以至西北的重视，是具有洞察力的。至于将东南人民移殖于西北，则不能当真。而他对于青海省主席马步芳的推崇，大概也是表面的印象。

在本书作者涉足的景点中，以青海附近宗教寺庙最为精彩。先去的是藏传佛教的著名寺庙塔尔寺，又去了回教的发源地临夏及夏河的教廷的拉卜楞。作者对于佛教、回教等宗教的历史相当熟稔，书中在介绍所参观的寺内景点时，对于各种宗教义理及门派进行了详细的介绍和评价，行文相当精彩。

除了对于西北的省会城市及知名景点的介绍，作者在书中还详细记录了自己在路途上的乡风民俗、所见所闻。这些地方多是无名之处，然而也许更有价值。如从兰州到甘肃，是为河西走廊之旅，这一段旅行大体上分为五段：一是永登，二是凉州，三是永昌，四是张掖，五是酒泉。作者先以《兰肃道中》为题，描写自己旅途状况，接着又以《河西巡礼》为名，再一次介绍这一段路途的文化、政治状况。这种双水分流的结构，让我们既领略了河西走廊的自然风景，又进一步领略了其间的人文状况。

至此，作者的兰州、青海之旅就完成了。在回重庆的路上，飞机穿越南北，两边的地貌之差让他感叹。书中专门设置了《飞渡摩天岭》一章，谈论南北的差异。这摩天岭就是华南和华北的交界，"在没有渡过岭巅的时候，下面完全是甘肃南部的山岳地带，山上童山秃秃，虽不尽是不毛之地，然所长得不过一些青草和野生植物而已，并没有经过人工的繁殖。一过了岭，下面就变了丘陵地带，所见的山上都已有耕种的痕迹，山上的森林更加青葱悦目。八时半飞入四川地境界，俯视下面山田，阡陌相连，河渠纵横，农村修洁，真不愧天府之称"。这地理的差异，并不仅仅是自然之差，也连带其他一切，

"岭北和岭南，风土的变化如此之巨，可知一切政治、经济、风俗、习惯都被地理环境所限制。"譬如，作者举例，华南土地肥沃，民食无忧，不过却影响到"人民的是体格的矮小，民气的萎缩，因为衣食的容易解决，是养成奢靡的习俗和颓唐的生活"。而西北的高寒和贫困，却造成"民风的强悍，体格的魁梧"。作者身在往西南的飞机上，却心念着西北。

这时候，我们也意识到这本书的一个独特的书写视角，南北对看。这本书虽然题为《西行杂记》，然而作者却是先到重庆，接着到西北，然后又回重庆，接着由重庆去成都，浏览成都，然后最后又去西安。如此，作者的观察，就处处有一个南北比较的视角。

从西北回来之后，再游成都，作者不免感慨成都的生活之奢侈。成都人好喝茶，"一条街上总少不了几家茶馆，成天坐在茶馆里的人真不少"。成都人讲究吃，"较大的馆子如荣乐园、明湖春、醉沤和一些不醉无归小酒家等，均是生意鼎盛"。成都人的洗浴，精巧低廉，让人啧啧称赞。成都人"性尚虚荣"，妇女"迷信鬼神"。如此等等，这在从简陋、粗犷的西北回来的作者不免有鲜明对比，"我们应该限制那些饱食终日无所用心的人，送到训练壮丁的自卫团去，便得坐茶馆的人数可减小一些，奢靡的生活习惯，也可以痛快的革除一番"。作者希望以战争为抗毒剂，改革成都的腐朽。

西安是西北的门户，然而本书作者却是游完西北后最后重新由西南到西安。在浏览了西安名胜之后，作者又详细考察了当地的民情。西安物价昂贵，作者照例将物价记录于书，"米四十元一斤，盐二十七元百斤，蔬菜二元百斤，猪肉八角一斤，羊肉四角一斤"。在生活上，西安倒不像西北之苦，而是有点像西南之繁盛，"饭馆的门庭如市，澡堂的座无虚设，而且高等澡堂如珍珠泉等，设备装修简直比平津上海的澡堂还要讲究"。由此看，作为历朝古都的西安，多少有点西南与西北的结合，兼具两者的特点。

事实上，风陵渡已经被日本占据，西安已经迫在眉睫。作者对于西安人的训练倒是评价较高，"隔河而守，重炮之声，可以耳闻，而西京人心安定，殊出意外。还有敌机的空袭，一般市民，亦已司空见惯，不以为意，即遇炸毁市区，敌机一去，即复常态。"作者感慨，"人民在抗战中训练得如此机警，实为难能可贵，谁说中国人民是不能训练的？"

空间上是西南而西北，时间上是抗战初期。在这里，地域的考察，贯穿着抗战的事件。对于西安敌机轰炸和市民躲避的描写，又将我们拉回到现实。至于作者从西安回香港，在桂林等处遇轰炸警报，耽搁行程，则又回应了刚到重庆时敌机的袭击。作者的西南、西北之行，也就在这敌机轰炸的警报声中结束了。

中国现存早期的西行记录，有东晋僧人法显的《佛国记》、北魏的宋云《行记》，以及唐玄奘的《大唐西域记》，然而记载简略残缺。清朝和民国时期，西行记实之作史籍较多，更有"西北学"的兴起。在当下开发大西北的形势下，整理、出版前人的游历西北之作，无疑是一件迫切的事情，它对于地理学、历史学、文化学、人类学、民族学、民俗学等学科都具有重要意义。李孤帆的《西行杂记》仅仅是一部小小的游记，并非名著，作者也非名人，然而，一个普通银行从业人员的抗战时期的西北、西南实录，事实上也有着重要的参考价值。

《西行杂记》一书出版于1942年抗战时期，颇多问题，阅读起来较为困难。重新出版，需要重作校订。这些问题出自好几个方面：

一、当时印刷的问题：由于条件有限，当时的印刷就颇多误植之处。

二、原文的问题：李孤帆本人虽具文学素养，却并非文人，因此行文中颇多口语连带之处，于标点符号也并不在意，有时甚至一逗到底。

三、年代的问题：由于年代久远，开明书店原版本已经颇多模糊不清的地方，有些字句已经无法辨别。所有这些，都需要一一细细校勘鉴定。虽经多次校勘，当仍有问题，希望读者能够提出宝贵意见。

本次整理《西行杂记》所用的底本，是中华民国三十一年（1942）开明书店出版的版本。

谨以此书作为家母范太
夫人七十五岁生辰纪念

目录Contents

001~004

第一章 黑夜飞航

1.

黑夜飞航

　　我从二十六年七月十三日到香港，八月初到南洋去了一次，抗战以后继续住在香港，仅于二十七年四月间到过几次广州，合计不过一个月的时光。二十七年九月底视察滇、黔、川三省，来回也费一个月零七天的时光。其余的时间都在香港，实在觉得有些住腻了。这次得到一个旅行西北的机会，真是喜出望外，我本来决定在三月十三日飞到重庆，所搭的欧亚机适因载重过量，临时退了几张票，我也在被退之列，于是改于十九日动身。因为许多朋友和同事均替我饯行，十四到十八日的几天，遇到香港的友人，不得不和他解释一番，真是麻烦透了。

　　十九日清晨三时即带了一件行李，匆匆到九龙启德机场，这天中航的成都号和欧亚的十九号机同日飞出，四时十分我搭的欧亚机先行起飞，中航机四时三十分起飞，但是我们七时四十五分到桂林加油，已见中航机加油完毕，即刻起飞，我们到八时三十五分再行起飞。十一时四十分到重庆机场停妥，中航机的搭客均已离开机场了，乘坐飞机，也有先飞后到的毛病，心中也觉得有些不平，重庆的时间比香港迟一小时，所以实际上到达的时候，重庆时间为十时四十分，从起飞到桂林加油，计飞三小时三十五分，从桂林起飞到重庆到达，计飞三小时〇五分，合计全程仅费时六小时四十分，在没有航空路线的时候，哪里能够如此的迅速。

　　我们起飞的时候，在深夜四时十分，所以港九两岸和中间海港，均在万家灯火的时间，飞机因为要避免敌人的袭击，所以趁黑暗中飞越他们的防空线，飞机在九龙机场飞出后，越过港九海港时，我们从窗口看下去，看到港九两岸的灯光星罗棋布，好像在夏夜举头仰数星河，尤其是在香港山背下的渔火，每一颗灯火相映成上下两个火光，前后衔接十分美丽，住在香港的人们，倘然没有在黑夜飞越过港九二埠，他们绝不能想像这种优美绝伦的夜色。平日我们从九龙遥观对岸香港的夜景，虽然已叹奇观不止，但是拿来和从飞机上鸟瞰二岸的夜色做个比较，恐怕它的景色仅能值到百分之一二而已。

飞机越过港九二岸后，即愈飞愈高，因为在黑暗中摸索，坐在机中一事不能做，加以半夜没有睡觉，于是即靠在椅背上沉沉睡去，待一觉醒来，拿出时计一看，已是八时左右的时光了，俯视下界，白云弥漫，一无所见，古人游记所谓云海，大概就是指此而言，因为飞机飞得很平稳，所以尽管在云的上面前进一小时左右，始终没有见到下面的景物。

待到七时四十五分，飞机飞得很缓，慢慢看到下面的山水，知道已经到桂林了，飞机侧面飞下去，即见桂林群山壁立，真有万笏朝天的奇致，我在二十五年双十节后几天，也到过桂林，玩过桂林和阳朔的名山奇石，但是从地下仰望奇峰高耸地面，从每一座去观察，真有吴稚晖先生所说，"上帝所造的盆景"，小巧玲珑的模样，今天从机中俯瞰，千峰齐向我们的眼底而来，一变而成大观了，可见一山一石巍然独立，虽也有各得其妙的好处，然而总不如成群结队，联合成为一个伟大的景色，更能令人神往。广西自抗战以来，出力最多，牺牲最大，他们出了李、白、黄三位军人政治家，还有无数的无名英雄为国难而奋起，舍身救国前仆后继，也像桂林的群山，分则各成一格，合则尉为大观，山水与人物中间，当不无连带的关系。

八时四十五分加足了油，再从桂林起飞，向重庆进发，飞机起飞以后，即在云雾之中，六合之内，模糊莫辨，危坐机中，百无聊赖，至十一时四十分飞机缓缓地往下飞，慢慢的开始看到下界的田亩陌路。四川的山都是生产的，田亩一圈一圈往上圈，在飞机上望下去，好像一堆一堆的牛粪，也有些像花布的图案，真是好看极了。飞机停妥之后，机场并无航空公司人员照料旅客，我独自雇了一名脚夫把衣箱提上机场上面的路口，见有航空公司的汽车，即行坐上安置行李，等了许久，知道非一小时以上不能开车，只得改雇轿子到市内找旅馆去，不料重庆市正在疏散人口，但是各旅馆中仍是满坑满谷，无从插足。适遇同事某君，遂承陪往另一同事家中下榻，总算住的问题告一段落。

005~008

第二章　重庆一瞥

2.

重庆一瞥

　　重庆居四川省的东南部，位于扬子和嘉陵二江的合流处，本来是一座山城，从前仅是扬子江上游一个比较重要的商埠。自从抗战以后，国民政府由南京迁移到重庆，遂成为中华民国的行都，至武汉撤退以后，更变做西南和西北的交通中心点，无论在政治还是经济上，俱视为全国最值得注意的大都市。我到重庆虽已有五天，因为交通的不便，连日想找的人，未能一一遍访，尤其各院部会的所在，多在十余里以外上清寺一带，每天一个来回，人未找到，时间已经费了大半天，真是觉得日不暇给呢。现在且把我在这几天所见到重庆各方面的现状，拉杂报告于后。

　　重庆是娄山和鹿头山的余脉，它是向着扬子江和嘉陵江的中间伸出来的，三面环水，一面与陆地相联，江北城在它的北面。与嘉陵江一衣带水，南临扬子江，从最高处俯瞰全市，犹如秋叶浮泛二江中间。陆道距城十五里处有浮图关，它的形状好像鹅头颈，若把浮图关切断，重庆可变成孤岛。重庆据水陆交通的要冲，东下夔荆，西窥成都，南走黔滇北通汉中，不但为西南和西北运输商货的枢纽，抑且为兵家必争的据点，可视为长江上游的咽喉。古人的诗句有"片叶浮沉巴子国，双江襟带浮图关"，实在已尽了描写重庆的能事了。

　　重庆的人口在抗战以前仅四十余万，自国府迁渝以后，随同各院部会而来的职员和他们的家眷，大为增加，故重庆的人口最近已增至六十余万，自二十八年一月十五日敌机首次轰炸以来，已在厉行疏散之中，但流动人口随时增减，尚未易收疏散的效果。走在马路上，行人摩肩接踵，较为狭小的街道，简直如散戏馆的模样，行人有无从插足之苦，加以交通工具的复杂，公共汽车的缺乏，于是只有人力车和轿子两种代步的东西，复以道路高低不一，忽而上坡，忽而下坡，加之私人汽车横冲直撞，于是行人真有"蜀道难"之叹了。

重庆的天气亦极为古怪，譬如平时每晨都是在乌烟瘴气的浓雾之中，气压极低，简直使人有窒息的苦闷，但是正赖云雾蔽天，作为天然防空的屏障。现在已是仲春的季节，除了下雨就是天高气爽、旭日高悬的日子了。所以不是雨天，每天上午就有许多人扶老携幼到南岸去避空袭，以免遇到警报时候，临时避难的狼狈。旁的地方，人总是欢迎大晴天气的，惟有重庆的居民既畏雨天的道路泥泞，走起路来有拖泥带水的麻烦，又怕晴天有敌机来临的威胁，可谓人民对于天气的患得患失，真是要不得的态度。

重庆的大中小学学生，满街皆是，市内各校已改于上午八时至十时和下午四时至六七时为上课时间。然学生未必皆于散课后即入避难室或另往远地疏散，则何如在离城市较远的乡村集中施教，以免以后敌机入市轰炸时的无谓牺牲。

重庆报纸仍有十家以上，其实新闻来处皆出一源，何必多费精神物质，加以纸张油墨价格飞涨，多数已用土纸印刷，何不留下二三家分日夜出版三次，以为市内报道消息的主要报纸。其余改向离重庆较远的各县分设，以向来办中央报的人才，分往各县发展地方报的效力，其成绩必有可观，正不必挤在一起，人云亦云，反有一筹莫展的痛苦。

　　重庆人大家所谈的，除前方的消息和抗战的前途以外，尚有盼望政府开征战时利得税，以杜绝居奇垄断，致无法疏散的人民受到生活困难的影响。

009~012

第三章　重游南温泉

3.

重游南温泉

我于二十七年十月十八日，由昆明经贵阳到重庆，那时是搭交通部西南公路管理局的客车，在海棠溪下车，即知海棠溪与南温泉之间已通车。当即于十月二十七日偕徐渭雄姻兄搭车往游，那时游客不多，车票还容易买到，车行计十五公里，费时仅三十分钟，到公路尽头，换雇双桨小舟，从花溪小河前进，经小温泉，上去玩了一回，再行逆流而上，到南温泉渡头，也不过一小时的时间。

那天正是秋高气爽的天气，天空浮上了一层像棉絮般的白云，白云所遮不了的，均是蔚蓝的天色，两岸秋叶红绿相间，悬崖峭壁，山上满植松柏，青翠悦目，加以溪水碧蓝，清可见底，沿途风景，煞是可观。经过的名胜如小温泉，正值海棠盛开，游泳池泉水清冽可爱；猪头山峭壁千丈，青藤蔓延，石层中纷现黑色石斑，远望恰如猪头形状；飞泉瀑布，双管齐下，水溅对山，真是美丽伟大极了。

上星期日（三月二十六日），因同事范厚甫君由松坎回渝，道经南温泉，预约在该处相会，复以老友俞颂华先生执教鞭于中央政校，星期休假可以把晤长谈，故独自一人于八时雇舆出储奇门，搭轮渡至海棠溪车站。见车站宪兵布告游客，南温泉停售游泳池客票，午后澡塘亦被军校及集训班包去，已觉大为扫兴，及购票，久久未启票窗，方知在站候车者已为第九次，我票尚未购得，则不知需候至几小时方可上车，到温泉时当已傍晚。正在懊丧之间，忽遇旧同事刁培然君手持七次车票，知系饬价在站预购，那时五次车已开，六次车尚未到站，我等正在闲谈，忽一人持七次票求售，系购得车票不及往游之故，我当即以辅币八角易之，乃得与刁君同车。不料七次车是一辆货车，乘客均一拥而上，我和刁君只得在司机座后，占得一位。更不料行至三公里时，搭客大呼停车，始知车门已坏，危险殊甚，只得开回车厂。至则司机与工头交涉换车不成，欲将坏车重驶车站请示，我等向双方劝阻，总算办到用铅丝将车门缚牢了事。岂知车未加水，中途几出大毛病，幸不远即有小店，乞得冷水加上，方能达到目的地。管理局管理得不得其法，和司机及工头的气焰之盛，使用汽车犹如乡人驾御病驴，非至路毙不令有休息的机会，旅客生命置之度外，真是太不负责任。

到了花溪渡口，船少人众，一舟载客数十人，武装同志数人高踞船头不听船夫劝告，直立不肯坐下，真是危险透顶。幸在小温泉有数人下去，船身如释重负，方得行驶如常。沿途所见松柏茂盛如昨，菜花满山如小女插花满头，尚算不差。其他如修筑马路，岸上轰炸山石，声震耳鼓，乱石沿岸，尚未清除，已大煞风景。加以飞泉瀑布不翼而飞，只见飞泉石碑植之水边名存实亡，只得在想像中回忆昔日的动态。溪水不知何故，也混浊不堪，令人怀念前游，不胜今昔之感。

到了温泉，即荷俞颂华先生及其公子暨范厚甫君来迎，当在清华旅馆间壁小饭店果腹；同座者尚有俞夫人及其弟妇钱太太，暨俞先生的女公子。小别五月，复叙契阔，人生数十寒暑中，也足称韵事了。俞先生伉俪近均皈依佛法，俞夫人且已茹蔬。他们的女公子曾助其姑母庆棠女士在松坎办理战地女子生产合作社。庆棠留美回国时，蜚声海内，现闻已如一乡妇，奔走抗战工作，可为我辈表率。饭后在旅馆中与俞先生畅谈别后情况，暨港方诸友近状，因温泉被集训及军校同志包去，我晚上尚有约会，只得独自返渝。范君送我至车站，幸购得车票，即匆匆上车，至海棠溪渡口，晤同学周明栋夫妇，遂同行渡江，抵寓已五点钟了。

各国政府在风景之区，常设备种种便利游客的场所，以为吸收游资的方法。遇有天然温泉，更大加宣传，以便游客纷集，振兴游览区的市面。即国内各地，如临潼的华清池，北平的汤山和南京的南汤山等处，亦均有相当建置。南温泉为重庆市唯一游览地点，其设备既远不如上述各地，最近复以党政军校集团包用，且其包用日期多在民众休假时间，使得游客不得同享温泉浴的乐趣，大有饱尝闭门羹的缺憾。

013~016

第四章　南山之游

4.

南山之游

　　重庆的南岸有不少的风景区，近来因避空袭的市民也多集中于南岸，故渡轮和轿马的生意非常鼎盛。我偕同事马、章、范三位也于三月三十日做南山之游，先从中国旅行社招待所门口雇人力车出储奇门，步行到海棠溪去的轮渡码头。经过几百级的石级，复在沙滩上步行数百步，方才走到售票的趸船。售票处已挤得水泄不通，由售票处到候船室的过道狭窄难行，渡客拥挤不堪。待渡轮靠岸，船上的搭客齐向趸船沿边上岸，候船的搭客已等得不耐烦了，争先恐后的朝着上船的小门挤去，妇女孩童被挤得哭笑不得，好像敌机已在头上的样子。船小人多已觉万分危险，幸江面不阔，不到五分钟即已傍彼岸。由船上经趸船到南岸，须通过宽不到三尺的跳板。数十丈之遥，上游水急，人行板上随着浮舟簸动，妇孺老弱，均不胜其苦。倘在候船的时候，忽然遇到了空袭，立在趸船和走在跳板上的搭客，岂不将"无噍类"了吗？

　　到了南岸，轿马价目随便需索，毫无规定，游人恐乏代步工具，各出高价相竞雇，于是一般无力出高价者就叫苦连天了。市政当局应规定价目，不准高抬和压低，甚至可以由市府设置轿马管理处，依路程的长短和时间的多寡规定票价，将轿马加以统制。从前如青岛、庐山和莫干山等游览区多已实行，南岸似可仿行。我们一行四人因范君居重庆已久，尚按旧时价目相雇，以致轿子被雇一空。我们既不敢一试猥琐瘦小的川马，只得改雇滑竿。就是没有轿顶，只有靠背座位和搁脚的山轿，从海棠溪至南山来回一次，每顶价一元四角，闻已可算重庆轿价的新记录。

轿夫起步以后，从江滩步上江岸，已是数百尺以上的坡路了。再从江岸经过一小小的市镇，复由市镇至山脚，均走的羊肠小道。坡度极峭，到了山脚，蜿蜒曲折的经过无数石级，只见轿夫已汗流浃背，倘然骑了马上山，不知要如何吃力，至于步行则我们虽尚可勉力为之，但上山以后将游兴索然了，然则被敲一次竹杠，也算值得的。

入山以后，只见沿途遍植桃李，无异置身青岛的李村。青岛已不知何时得以重游，眼见南山桃李成林的山地，真令人起了"国破山河在"的感慨呢。到达南山公园相近处，万松蔽山，怪石嶙峋，极像青岛的崂山。我在前年初夏最后一次去游崂山的时候，山水的景色，游山的伴侣，都历历尚在回忆之中。今则风景不殊，而游侣已天各一方，怀念前游，不胜今

南泉花溪滩

南山公园

昔之慨了。在公园门口下了滑竿，同行入园，突觉鸟语花香，空气清新，与隔岸重庆低气压下之生活，殊有天渊之别了。在园中啜茗处，遇到了同事陈君伉俪，遂在那里泡了几碗茶，休息了一会儿，再往山后游览。见有梅岭一景，系利用原来山石，点缀而成，宛如无锡梅园的小罗浮。梅最大的石上，亦镌"梅岭"二字于其上。梅岭尽头见有一亭，名曰"品塔"。入亭四望，南有文风塔，屹立山顶，东览涂山、黄山，北瞰扬子江对岸重庆全景。回忆前年仲春，偕内子葆真同游梅园，曾在小罗浮石上摄得一影。近日欧洲风云紧张，老母留沪，内子在港，子女港沪各半，我则将做西北之行，不知数月后国难家仇变化至何种地步？

午在岁寒春，吃了中饭，陈君夫妇先行下山，马君在山上午睡，我则周览园中景物。见旅舍均被包租，作为疏散人口的世外桃源，园内桃李花尽谢，新抽嫩叶，油绿可爱，惟海棠尚有开放的依时节推算，江南花木当尚未如此处的早发。园中花圃，见有芍药数本，鲜艳夺目，又想起二十五年季春偕葆真同游北平，遍赏旧都牡丹，中山公园，三海与颐和园中，均已盛开。回途在华山道观内，又值芍药开放，曾嘱葆真入花丛中摄得数影。今则北平已非复我有，华山仍屹立如常，长安市中赏花者不知为何等人物了？可见游山玩水也需赖国力的保障，否则在强邻压境的时候，纵有名胜古迹，更有何欣赏的权利呢？

017~019

第五章　再游重庆南岸

5.

再游重庆南岸

　　我于三月十九日抵渝，当即向欧亚公司定购第二次渝哈线赴兰州的飞机票。本定本月一日起飞，但是该机在哈密就没有照预定的日期飞出，待飞回重庆后，发现机件有毛病，须加以调整。然而始终没有负责的表示，到底几时可以修竣？改定何日起飞？以致购票者须每天去询问公司的起飞日期，而且在待机期内，不能做一天以上的他处旅行，真叫我等得不耐烦了。本月七日忽接公司通知，改定次日早晨八时起飞，于是纷向亲友辞行，整理行装次日一早起身准备赴飞机场时，复接公司另一通知，因有特殊原因为理由，取消飞兰州的通知。我和同行的章君还有预备送行的杨、范二君，都白起了一个早，加以是日天气恶劣，气压极低，范君提议再游南岸。我们一致赞同，当即出发渡江，雇得滑竿四顶向老君洞出发。

　　老君洞本是太极宫神殿后面的一个山洞，现在太极宫和太极宫所据的山名反而被老君洞所埋没了。天下事往往数典忘祖，所以有心传世的人，亦常有适得其反的结果，以致没世而名不彰。太极宫的山门与正门相距有一里的坡路，山门为一座石牌坊，雕刻极精致，由山门至正门的石级数百级，宽阔平坦，都有些像泰山的规模。从海棠溪到老君洞的道路，虽也是山路，然比较往南山的羊肠小道，有如小巫见大巫，相去不可以道里计了。况沿途修竹青松，间植桐树，时适桐花开放，颜色和花瓣都臻上乘。同行的范君谓抗战以来桐油输出几占我国出口货的第一位，而桐花复有赏心悦目的姿态，诚大有造于国家和人民。太极宫内颇饶园林的胜迹，自大殿至山顶多院落亭阁，布置雅洁，石级两旁有盘根错节的老树，高逾寻丈的芭蕉，置身其间，顿有终老是乡的遐想。

从山顶遥望对岸重庆全景，自浮图关起至朝天门止，犹如牛舌伸入水中，前面的扬子江与后面的嘉陵江，在舌尖处会合，有些像香港维多利亚山顶眺见的九龙半岛的模样。重庆天气很糟，全市都笼罩于浓雾之中，居民良莠不齐，我们要想抗战必胜，建国必成，那么应该抱定"疾恶如仇，从善如流"的精神，消极地淘汰腐化分子，积极地启用各方英豪。

在太极宫下的小食店内吃了一碗肉面，再坐滑竿到清水溪的汪园去。中间经过一段公路，路基坚实，有些像湖南长沙至衡山的公路，平坦宽阔，是通黄山的要道，所以建设特别讲究。走近清水溪由公路上山的坡道满山松林，山路曲折，宛如天目山脚到老殿道中的风味。走完了这一段路，远见山顶有金碧辉煌的宫殿式建筑物，画栋雕梁，极尽富丽之致。据轿夫说，这是四川某师长的别墅。我们下轿浏览，由山顶到山脚全部合看，颇似颐和园的佛香阁。别墅右面还有一个丁姓的古墓，他们的子孙正在扫墓。我们上去观摩了一番，想到自己故乡的坟墓好久没有去扫，真是令人羡慕之至。

020~023

第六章 飞越秦岭

6.

飞越秦岭

我们从三月三十一日起，每天晚上等欧亚航空公司的通知，因为我们买到了四月一日起飞的渝哈线到兰州去的票子，无奈公司职员不负责任，在七日以前不但毫无消息，连自己去问讯，所得到的答复也是等于废话。到兰州去既走不成功，想到重庆近处如北碚之类去游览，又恐当晚赶不回来，次早起飞了，就有"脱机"的危险，真是苦闷极了。不料七日傍晚接到次晨八时起飞的通知，满以为次日午后就可以到兰州了。待到六时起身后，就接到另一个通知，又把昨晚的通知取消了，事实上是专飞西安一次。幸于当晚又接通知，改定九日早晨八时起飞，直飞兰州，我们犹如待决的罪犯，得到了宣判的消息一般，重整行李准时到飞机场去等候。

待我们到了飞机场的时候，看看手表已是七点五十五分，而欧亚公司的职员尚迟迟不来，任我们在场内空候。直等到八时三十分左右，公司人员方才姗姗而来，一来就叫搭客将飞机票拿了过去，一面在票上签名，一面将身体和行李的重量过磅。遇搭客所带行李的重量稍过限制"十五公斤"的，就堆在一旁，不允掣给加费收据，通融照带，然而公司某职员的夫人，既得免费，复带了两个小孩子，和八十五公斤的行李，他们似乎可以享受特权。于是一般搭客打抱不平，要求如搭客的行李连加费都有问题的话，那么某夫人的行李一定不许照带，而且超过额定重量的加费也须照纳。这样一来，总算把所有过重的行李，一起容纳，一场争论，才算了结。

因为公司职员的迟到，和发生过重行李的争执，以致延迟起飞的时间，待到一切办妥飞出的时候，已是九时十分了。此次所搭的飞机，是容克斯三发动机，十五客位机，为交通部渝哈线专机，现在委托欧亚公司代管的。起飞时异常迅速，只从停机的地面向前一滑，就马上飞起在半天空中了，眼见送行的范、吴二君尚在机场的一角引颈而望，我们中间已是天上地下的远隔了。我们坐在机中从窗口临空的往下看，只见重庆市如一个模型般放在下面，扬子江和嘉陵江包围着这一个伸在二江中间的半岛。我们从扬子江面起飞，越过嘉陵江向北直飞，所见四川的山田，全如花布的图案，深浅有致。直等飞上高空，机身在白云中前进，回首俯视下界，已不见一物了。

十一时左右，天空浮云疏落，从白云的空隙，下瞰田亩陌路，均成长条色板形，有的已显现着嫩绿色，有的还带着枯黄色，也有如原来的土色的，大约是刚经整理，还没有下种。在数十顷农田中间，就见到一个村庄，四面有大墙包围，好像是一座堡垒，这大概已是陕西的境界了。不久面前就见着一个伟大的山脉，高山峻岭，蜿蜒起伏，山顶和山阴还留着雪，这就是有名的秦岭。飞越了秦岭，就到了西安。我们在十二时〇五分慢慢地飞下西安的飞机场，飞机的侍者把窗帘放下，不许搭客看清机场的位置和环境，大概是国防的关系吧。

飞机停下后，我们下机与公司职员闲谈，知昨天昆明被敌机空袭，欧亚十五号机又被炸毁，上月交通一号机，在黔滇交界处失事，也曾焚毁一架。在抗战中交通极端不便的时候，旅行唯一捷径的工具，接连而来的毁损，影响于交通的前途，实在是太大了。闻昨天空袭时因机师不在机场，以致不及驶避，前次失事的飞机，早知机件损坏，且已有一个发动机发生障碍，照例不应起飞，机师因急于到滇，遂不惜牺牲搭客的生命和宝贵的交通工具，这种事情虽说是意外的遭遇，然而航空公司平日缺少训练，也可算人事的不臧呀！

飞机加足了油，于十二时二十五分重行起飞，从西安向西而飞，在下午一时左右，天气变寒，坐在机内觉得有些难受。那时天空的云已散了，只见地面尽如洛阳附近的黄土层一般，忽而高，忽而低，重重叠叠，一望无际。加以风势激增，飞行颇感困难，机身浮动，好像大海中遇到风浪的小艇，坐在机中真是太不舒服了。不久飞在六盘山上，这个所谓山，既不像四川的山，也不像陕西的山，乃是黄土的堆积，山上既没有一茎草，也没有一枝树，因风的吹袭，天空中尽是黄沙。那时俯视下方，犹如隔着一层黄色的薄纱，所见的东西，没有一样不是染上了一层黄色的了。

二时五十分飞机缓缓地往下飞，因窗帘又被放下，窗外景物无从见到，只觉机身往下沉，一下子就停在兰州的机场了。我们出了飞机，向机场的四围一望，只见一片黄土，满目荒凉，幸而我们在未来以前看过许多关于西北旅行的记载，和得到曾游过西北友人的报道，不但一些也不失望，还以建设新西北为我们此行的任务呢。下机后就有兰州招待所的招待员来接待，我们将行李交给他以后，就搭欧亚公司的汽车直上招待所而去。该所颇似从前的开封招待所，朝外一所三楼三底的房屋，两旁数间平房，隔壁还造了一座饭厅，厅前筑了一个避空袭的地下室，设备相当完善。

我和同伴章君同机而来，还有一个同伴马君在重庆分途，先往成都和川南一行，我们待到会合以后，再做青海、宁夏的视察，倘然许可的话，再从兰州前往新疆一行，以偿遍游西北各省的夙愿。

024~029

第七章　兰州初旅

7.

兰州初旅

我于二十五年暮春曾偕内子葆真同游鲁、冀、晋、陕、豫、鄂、湘、赣各省，到西安后，承同事范君邀约赴兰州一行，惜以事阻，未克如愿。这次偕同伴章君由重庆飞越秦岭，经西安而达兰州，总算得偿四年来游陇的心愿了。初到西北的人，对于"溽暑有风还透骨，芳春积雪不开花"的高寒荒凉，黄土蔽天的古城，不容易发生好的印象。我们则在出发之前，已经看了不少关于西北的书籍，也曾和到过西北的朋友讲起过这里的现状，所以从飞机下来，住了几天之后，还没有觉得失望。

兰州是甘肃的省城，它的北面有黄河的灌溉，南面有皋兰山的耸峙，所以占了山高水长的形胜。兰州城分内外两个。外城叫做关，包围着内城的东、南、西三方面。北门外横着一条把握在我们自己手中的仅有的黄河铁桥，北岸高阜，寺庙林立，沿河筑有公路，为通青海、新疆两省的国道，现在也是我们与友邦苏联运输易货的国际路线。城门和城墙颇像西安城内的街道，有些像洛阳，庙宇多改为民众教育馆和市场，是冯玉祥将军驻军西北的时候所经营的。

兰州的人口，据最近警察局的调查，尚有十万〇三千人，其中土著因敌机的肆虐，多数已自动疏散到四乡去了。居民汉族居十分之八，回教徒十分之二，藏番蒙古和新疆的维吾尔族也有一小部分侨居着。市上还有不少苏联的侨民，大部分是飞机师和汽车司机，政府派有专员招待，并设有两个招待所给他们居住。我们的汉族同胞，男的多染有吸鸦片的嗜好，女的多数还是缠脚的，反观回教徒，男不吸烟，女不缠足，人人健康劳作，真替汉族同胞捏一把冷汗。又见苏联同志，体格魁梧，服装整洁，驾御飞机和载重汽车，往来中苏，毫无长途跋涉的倦容，他们勇敢和服劳的精神，岂是我们萎靡不振的汉族同胞所可望其项背的呢？

兰州的天气真是太好了，天天有极好的太阳，很少刮风和下雨，就是刮风也是刮不了多少钟头，下雨尤其不久就晴。我们刚从乌烟瘴气的重庆而来，愈加觉得干燥清明的好处。据住在此地的友人告诉我们，去年仅下了一次小雪，气候没有往年那样的寒冷，本年还仅下过一次小雨，就在我们到了以后的十日晚上下的，数小时后也就晴了。我们带的皮大衣，竟没有穿的必要，唯一的缺点，就是灰土太大，无论一辆汽车，甚至一辆骡车经过，车后灰土飞扬，满街如罩着一层浓雾，对面就不见人影，倘然能将马路加以修整，就可没有此种缺点了。

兰州的省政府上自主席朱一民先生，下至各厅厅长和各省府人员，没有一个不励精图强，即以办公时间而论，因为空袭的关系，虽然改了上午七时至九时，下午二时至六时，然而主席和各厅厅长，做纪念周和开会的时间，则常移在上午七时以前，和下午二时以前，以致一天加多了五六个小时的工作。但外县则仍操纵在县长和保甲长的手里，营私舞弊，敲诈剥削，无所不用其极。最近因兵役问题，发生固原、海原一带的民变，还有无极教的教民，袭击东固、西固两城的空军营地。当然内容复杂，当有受敌人指使的汉奸从中捣乱。

兰州的物价向来较东南各省为高，自抗战以后，复因交通的阻塞，奸商的操纵和捐税的繁重，凡从西南而来的人，经过昆明、贵阳、重庆和西安而到兰州，无不叹为已到了物价的顶点了。普通蓝布每尺六角，大米每担三十六元，面粉每袋十六元，猪肉每斤九角，牛肉每斤六角，蔬菜每十把一角，做成熟菜仅有半碗，肥皂每四小块一元，洋烛每包六支一元四角，火柴每十小盒三角五分，煤每吨四十五元，煤油每箱四十元，就是房租一项，方丈的平房即需每月二元的租价，人力车一里路即需二角，骡车六角，所有衣、食、住、行各种不可或缺的生活费，如此昂贵，一般依薪水生活的人士，皆有"长安居，大不易"的慨叹了。

兰州物价的继涨增高，还有一个特殊的原因，就是公务员兼营商业的人太多了，于是居奇垄断，压迫着农工和小商人，所以物价尽管向上涨，农工和小商人仍是无利可图。还有一般富室多将农产品囤积起来，兰州城内储粮至三十年以上者，也大不乏人，并有窖藏金银和鸦片的富户，只有家族观念，毫无国家思想，国家可亡而私产不能损失毫厘，真自私自利到万分。

一般税务官吏，因各有背景的关系，皆横行不法。闻以往外县税吏，能以收入十分之三解缴财政当局的，已可算做廉吏

兰州一瞥

黄河铁桥

了。省城以外，据说全为特殊势力所支配，陇东各县是军权膨胀的地带，陇南各县则属绅权发展的地带，陇北、陇西是宁夏和青海二省的势力范围，而实际在省政府直辖的县分也就寥寥可数了。

在如此环境之下，兰州形成一个贫富悬殊的城市了，榨取者的财富愈聚愈多，被榨取者的生活愈缩愈紧，这是自然的结果。一般贫民多拿棒子米和洋山芋为充饥的食料，小孩子多没有裤子，大人的衣服也都破陋不堪，冬天唯一的宝贝，就是一袭没有面子的老羊皮褂子，晚上就拿它当被褥。

兰州的民风真是醇朴透顶，路上向任何人问路或谈话，无不礼貌十足，即在公共游玩的地方遇到他们，亦必让座奉茶，随便走进哪一家店铺无论买与不买也要迎送如仪。据久居此地的友人相告，他们看见南方人都以为是政府的官吏，所以特别恭敬。听说在外县遇到中央派来的人，县长和保甲长还要勒派招待费，名目就叫做欢迎中央委员呢。从前在此当公务员的，多不带家眷，常以欺诈的手段骗娶良家闺秀，待到调任或失职的时候，就把她们抛弃了，因此这里的弃妇特别多，于是私娼随之而蔓延。其实西北的女子，只要没有缠过足，她们颜色都是天然红润，体格也极健美，有志的青年，正可与她们结婚产生后一代健全的国民。

兰州的空防相当巩固，积极的有久经训练的新空军的防守，消极的有四郊山陵的避袭设备，居民一闻警报，可以从容不迫地走向四郊避难，待警报解除，再行回来，照旧居住。兰州的办事时间，虽然也改定每日下午二时至六时，然而多数商店，均于规定时间以外，仍旧开门营业，也比昆明的没有吃早饭的地方和重庆的只有夜市没有早市高明多了。

兰州的大学仅有甘肃学院和农业学校，中学则有男子中学一所，男女师范学校各一所，小学共一百五十六所，各级教育都非常发达。报纸仅有二种，《西北日报》仅如普通日报的半页，《民国日报》如小型报的一张，新闻来源仅靠中央通讯社的供给，其他书店的新旧出版物均极缺乏，文化水准似乎比较的低。

　　西北是我们中华民族的发祥地，又是华夏文化的发源地，在抗战时期更是我们复兴民族的根据地，而兰州则为西北各省交通的中心点，无论从交通、经济、文化各方面观察，兰州所负的使命比较任何地区为重要。尤其是兰州为甘、宁、青三省的枢纽，东通陕西，西通新疆，南通四川，亦为西南至西北的交叉点，又为沟通中苏的国际路线的联络站。对于民族问题应如何加紧融洽？交通方面应如何积极整顿？农村经济应如何努力发展？政治机构如何切实改进？实均为兰州当务之急呀！

030~033

第八章　五泉山之游

8.

五泉山之游

　　五泉山是皋兰山的一脉，也是兰州附近名胜之一，我于四月十六日早晨八时，承中央银行的友人相陪，坐了骡车而去，做了一次游览。这里自从设了第八战区司令部以后，就谢绝参观和游览。本日因中央银行驻五泉山仓库的胡君做向导，所以得了许可，由山左而上，山右而下，将司令长官的办公室和司令部所占用的房屋，绕了一个圈子，方得浏览一个大概，总算不虚此行了。

　　我们出了南关，由入山的大道而行，只见路的两旁，绿杨成荫，桃李竞开，田亩间也长了青苗，不料一片黄土的兰州郊外，竟有如此良田和果园的存在，询知因有五泉山泉水的灌溉，因此在这一带种植果树和稻麦，特别茁壮。不但得到灌溉之利，附近的农民还有很多利用泉水的水力，作为磨房的动力，他们的制作已暗合科学方法，惜水力不够，所以不能充分的利用，否则藉以发电，发展农工业，当更有伟大的效益。

　　五泉山的山门颇像镇江的金山寺，它的正门也颇庄严，可惜不准通行，未能一览大殿和万源阁等胜迹。我们从左侧上山，不久就见到一个泉源，闻其名叫"西龙口"就是有名的五泉之一。泉水从石隙中流出，淙淙有声，确有些神秘的现象。

兰州五泉山

山下许多田亩和水力磨房均靠此泉源而得到灌溉和动力，这个泉源真是造福农民不浅。山的左侧有不少楼台亭阁，惜年久失修，油漆多已剥落，殊少美感，倘能加以修整，则为名山生色不少。

从西龙口向东走，经过天外天，卫士不准通过，只得绕围墙而行，不久就见到岳忠武王庙，并附祀杨忠愍和左文襄二公，两侧廊房多被军事机关所占用了。我们进去瞻仰了一番，因而联想到西湖上的岳王庙和岳王陵，不知何时得重去凭吊？我们的国家在今日已酷似当时的南宋，不知今日的武将中有几个能如岳武穆的精忠报国，至死靡地的？

再向西走，就是文昌宫，房屋窳败，想已多年没有修理了。在宫的下面，见有一门，名叫紫云关，建筑异常坚伟，可惜关内尽已划入司令部的范围，游人无从问津，从左侧往右看，楼阁峥嵘，达到了东方古代建筑美的极致。再往东走，就是卧佛殿、地藏殿和大雄宝殿，他处的山寺，一进山门，就是金刚殿，再进就是大雄宝殿，五泉山则把大雄宝殿搁置在山的右角，可算别开生面了。不知正门所奉何佛？万源阁又为何种佛殿？

从右侧山路下，见有一八卦图形的高台，圆形的台，围了八角的石栏杆，栏杆上镌了八卦，再置了八个圆形石桌，桌上也镌了八卦，石桌四旁置有石凳，游人经此可以休息一下。由此而下，见有泉水喷出，计分三股每股又分数行下泻，潺潺不绝，积成钜流，沿沟而下，分润给山下农家，替农人们灌田和给磨房以水力，造物所予人类的恩惠，真是伟大极了。这个泉名叫"东龙泉"，尚有其他三泉叫做甘露、菊花和半月，闻都已涸了，真可惋惜。

胡君谓离此二里许还有一个鸿泥谷，那里是志公上人入定之所，附近也有泉石之胜。我们一鼓作气，跟了他去。山路崎岖，不像南方的山，都有石级，在黄土层上，上下奔波，吃力非凡。到了那里，见山谷中间，一泓泉水，一泻无遗。土色殷红，故土人叫它做"红泥沟"，经文人修改以成今名。谷的正对面，土山壁立，上有一洞即为志公和尚生前坐关的所在，故又名志公洞。我们循山路而行，见有志公洞的山门，因思志公笃信佛法：生前苦修，得以留此遗迹，今全民抗战，也应共信最后胜利必属于我们，方可达到抗战必胜，建国必成的目的。

再由鸿泥谷往南走，前面见一花园，园内桃李盛开，询知为鸿泥园。园主裴姓，本地军界中人。园之西首有印鸿轩，轩右月洞门与花园墙相连，绝似扬州瘦西湖的平山堂。园旁筑一磨房，动力即为鸿泥谷的泉水，园内花木尚多，然建筑物已零落不堪，闻近由省府财政厅租用。印鸿轩内题壁有这么四句话"香草美人，故国乔木，流莺比邻，出于幽谷"题辞命意，既饶故国之思，复多美人香草之感，想亦有心人别有怀抱的寄托。

034~038

第九章　初试皮筏

9.

初试皮筏

　　十六日下午，游五泉山的同人，游兴仍浓，提议再做崔家崖白云观之游，并承中央银行唐君假用行中的运货汽车。从西门出城，经过的道路，都是原始的路，黄土满街，高可没胫，那天又是刮的顺风，因此灰土全从车后卷向车前飞扬，有时竟飞沙蔽天，前途茫茫，不辨面前的路线。只得暂停前进，待到灰土消散，再往前驶去。我们坐在车上，从头发起，至鞋袜止，没有一样不满染黄土，人的面目，也弄得黑白不分，眉毛和两鬓全变了灰黄色，两只眼睛，好像唱双簧的画过白粉一般，仅余两个瞳神还没有染上灰土。从城内到崔家崖约有二十五里的路程，汽车在骡车道上，忽高忽低地驶过，不免多费不少时间，大约将近一小时，方才到达。

　　我们从西门出城，在与黄河南岸并行的路向西而行。经过两座极大的堡垒，好像小的县城。骡车道陷落在田野的底下，车行其间，犹似放舟两山之中。两边田亩，可种稻麦，农民都靠沿黄河的水车得到灌溉之利。田中多植果树，田的上面盖了一层石子，他们叫做石田，因黄河之水虽可灌入农田，但是黄土吃足了水，全往下沉，土面还没有水分，所以铺上一层石子，使石子也能吸收一部分水分，使得土质可以滋润不少。西哲所说，"需要是发明之母"，实在不是骗人的话。

　　到了崔家崖就看见一座牌楼，上面写着"极寿山"三个大字。再进半里路，就有一所道观，名叫做白云观，全部建筑在这座极寿山上。从远处看过去，仿佛有些像颐和园的佛香阁，不过这个道观年久失修，石级又是做得太峭，所以上去非常的费力。从正门到最高的神殿有好几百级石级，在旁边的走廊上远望曲折的黄河，和对面蜿蜒的群山，极目千里，煞是雄伟。在最高一层平顶上筑了一座砖塔，可惜上头数级已经损坏，塔角铁马经风吹动，还发出叮嗒的响声，真是好听极了。

二十年前在北平读书的时候，逢着春天的星期日，常骑骡上白云观，去探名花和访老道。今天同是白云观，可是观中毫无花木，也不见老道，仅有保安警察一队住在那里，因此就没有人招待，也没有茶水可以解渴。记得二十五年双十节后往游桂林，在七星岩上佛寺内吃茶，陪我去玩的广西省银行唐君告我，前此寺僧都被省府遣散，等到要人们去游山得不到招待的时候，又把他们叫回来去主持山寺了。所以我希望兰州的当局们也能把道士叫回来招待游客。我们不得已就在山下小茶馆，吃了几碗开水，也不管碗的肮脏和水的混浊了。所谓"渴者易为饮"，就是形容我们喝泥浆的滋味啊。

从极寿山白云观下来，同游的朱君说，由此间乘皮筏到兰州城，仅一小时余即可到达，且顺流而下，毫无危险，可以免除原路回去吃灰土的苦头。大家都愿意一试皮筏子的风味，所以一致赞同，适有筏夫负羊皮筏对面而来。议定每筏一元，二筏相连可搭八九人，我们同游的只剩五人，连筏夫二人，不过七人，尚不致过重。跟了筏夫至黄河边，等他们把二筏用绳缚住，并成一个大筏，我们就先后坐上。由极寿山的黄河边到兰州城，仅有二十里的水程，今天刚刮着东风，于是筏子虽然顺着水，但顶住了风，所以泛得很吃力，有的时候筏子反而向上游打转，结果比平日加了一倍的时间方才到达兰州水北门靠岸。

皮筏子是黄河上游水上交通的唯一利器，制造的方法，是将牛羊的皮子整张的剥了下来，去了毛，扎紧了它们头颈尾巴和四足，把皮壳子吹足了气，浸足了油，晒干之后，就像轻气球一般。羊皮筏上下二排是四只羊皮，中排是五只羊皮连起来，再排成三排，用木框装成一张藤绷的样子，就可以浮在水面了。牛皮筏的制造法与羊皮筏相同，但只数比较的多，木架子改用很粗的木头，上面看去好像是一个木筏。这种皮筏可以装运大量的皮毛，从上游驶到中游去，上水的时候也可拉纤而行，或者将小的皮筏负在肩上走回家去，大的也可用大车运回来，实在是最适宜于黄河上游的运输工具了。

　　沿途所见，有灌溉农田的大水车，它的制作颇合科学原理，一个木制极大的轮子，每个输齿装上一只水斗，轮轴由岸上伸出水面，轮齿则放入水中，轮子与江岸并行，水斗逆着黄河流。黄河由西向东而流，川流不息地把水冲入水斗，无数的水斗一面盛着水，一

皮筏子

黄河水车

面被冲激而逆转，所有的水均从每个水斗浸入高出河岸的水槽，再由水槽流到农田的水沟，既省力，复省钱，所以黄河沿岸的农田是非常膏腴的。还有黄河的积沙，有的已成了岛屿，有的在水浅的时候露出水面，水深就成为暗礁，等到了黄河铁桥相近的时候，水流湍急，颇有波浪。大约此处两岸相隔最近，河道最狭，所以上游的水至此变做激流了。我们坐在皮筏子上颇觉簸动，不过通过了铁桥，浪就平了，皮筏也到达兰州城脚了。

039~042

第十章　节园吊古

10.

节园吊古

甘肃省政府的后花园，就是明朝肃藩的故邸，一名节园，现在的朱主席就住在园西的别墅内，所以平时不许游人进去参观的。四月十九日午后五时我们承朱主席的本家尧曾君的导引，得以进去游览，并承导游，还蒙将碑洞开放，让我们畅览肃王遗留的残碑。同游者有章朱二君，尧曾君约在后花园相候，我们从省政府大门一直进去，由尧曾君做向导，遍游全园。园址极为宏敞，内多亭榭花木，左宗棠曾驻节于此，所以颇多左公的遗迹。

园的中央有一船厅，从前曾为左公的办公处，名叫"一击"，现在改为省政府的会议室。厅的四围，遍植桃李，正植开花的时节，在厅前四望，白李红桃，相映成趣。花圃四角，种了数株探春花，树枝如夹竹桃花朵为响铃花，颜色蒂红瓣白，深浅有致，这种花在别处好像还没有见过。厅左前后有二亭，前者题名"我思"，后者题名"瑞穀"。瑞穀亭的后面就是碑洞，内存肃王遗碑，字迹挺秀，惜堆置书籍杂物，未能一一细阅，厅左前方有一亭名叫"韬碧"，内有肃藩送吴司马的诗碑，亭下立一碑，题着"贞烈遗阡"四字。

园的北面，有一古墓，朱主席题字，名叫"忠义塚"，背面镌着左宗棠的"烈妃庙记"。塚的左面有一网球场，场内保留着万里长城的遗址，塚的后面就是北城脚，那里的城头上筑有"拂云楼"，另有一匾，题名"望河"。从楼前远眺，黄河铁桥在它的左面，对面就是白塔山，下临黄河，一泻万里，眼界为之一广。亭上的匾额和对联多为左公的墨宝，园的后廊遍植碑碣，也有左公的法书，并有某公的正气歌碑，均为名园生色不少。

忠义塚是明末肃藩烈妃和寮属的埋骨处，据左公的碑记："明建肃藩兰州，崇西陲也，崇祯十六年，李自成遣贼陷兰州，执肃王识铉不屈被害，次年明亡。方贼之陷城也，肃王妃颜氏、赵氏、顾氏，嫔田氏、杨氏仓促率宫人二百余，由园上北城，将投河殉，贼追急，颜氏遽以首触肃先王所书碑死，诸妃嫔宫人刎毙，缢毙，自掷毙，顷刻立尽。贼至，邦人棺殓诸妃嫔，瘗诸宫人，作大塚园北。……"这是记肃藩妃、嫔、宫人殉国时壮烈牺牲的实况，颜妃所触的碑，就是韬碧亭中的肃先王的诗碑，所以还有一个名字叫做"碧血碑"，亭下的"贞烈遗阡"碑，就是为纪念颜妃而立的。

肃王识铉，性好诗文，尤精书画，将明太祖所颁的宋拓淳化阁帖，招致一般儒者，选辑勾勒，镌石一百四十一方，现存兰州文庙，尚为世人所称道，可知他对于文化的贡献。李自成于崇祯十六年十一月，遣贼党贺锦破兰州，识铉临难不屈，以身殉国，于是宗人、妃嫔、寮属、宫人均不免于难，这种临难不苟免的精神，令我们在三百年以后的今日，抚碑吊古，肃然起敬。

我于最后一次偕老友施敬康先生游平时（二十六年初夏），曾到景山凭吊"明思宗殉国处"的遗碑和罪树。想起他手刃公主时所说"谁叫你生在帝王家"的痛语，深为亡国之君一掬同情之泪。数日后复偕施君同谒明十三陵，见思宗陵寝反不若其他十三陵尚能保存完好，所见清朝替他所作的碑阴记中，有"思宗实非亡国之君"一语，深觉颇有至理。今日的中国，酷似明末的情形，唯民国既以民为本，实可易为"民实非亡国之民"。当时并见思宗陵前，赫然屹立的王承恩墓，因为王承恩是与思宗同时殉国的唯一的忠臣，所以清朝为勉励他们的臣子起见，也替他做了一个坟作为陪榇思宗陵寝的点缀品。

043~046

第十一章　石家湾观桃林

11.

石家湾观桃林

　　我们承中国银行郑相臣君之约定，于十八日一早搭汽车往游离城三十里的石家湾。那里有兰州有名的桃林，近千亩的农田上，中间种植了数十万株的桃花，从远处望过去，好似粉红色的海，真是好看。

　　汽车出了门，经过一所关帝庙。南北两座辕门，前面一座牌坊，庙容极为庄严，现被机关占用。过了古庙，就是有名的黄河铁桥。桥建于民国纪元前三年，为前清光绪年间陕甘总督升允向美国桥梁公司订造。此桥早已超过保用年限，但当局没有力量重建，所以仍旧让载重七吨以下的汽车行驶，实在是太危险了。从桥上远望北岸，白塔山高耸，山顶白塔巍然独立，自山脚至山顶满布寺庙，并有十殿阎王，分筑小庙以祀之，足见兰州人过去的迷信。

　　北岸的马路本是从兰州至青海和新疆的公路，最近政府与苏联易货，尤为两国运输的要道。但是路面尚未修整，黄土松浮，深可没胫。山石沉入灰土中间，行车非常困难，路与黄河并行。离黄河铁桥不远，两个水车并列，大烟囱高峙。闻郑君说，这就是兰州造币厂，也是建于前清。再往前去，见每隔半里路，就有一个土堡，两个土堡之间大多有泥城相接连。据郑君说，是左宗棠平回乱时所筑的防城遗址。沿黄河的农田，多为石田，因用水车灌溉，故土地极为肥沃。两岸白杨和绿柳，相映成趣。一片黄土上，增加了苍翠的颜色，令人忘记了满目荒凉的景色，足见人定胜天，开发西北不是没有办法的。

　　车到石家湾，我们下车步行，在桃林绕了一个大圈子。在桃林密度最紧处，看去恰如一片桃色的浮云，每枝桃树的花，都开得密密层层，花蕊深红色，花瓣粉红色，真是鲜艳极了。看过去与无锡梅园梅花盛开的时候相似，不过种植的方法，有些像青岛李村的李林，虽然每亩田上，只种了几株，但因为种的亩数太多了，所以一望无际了。路的两旁间植李树，也已开放，红白相间益发点缀得幽雅。还有枣子树，尚未着花，树枝曲折，亦饶衬托之致。桃林的桃树，多数树枝不高，挺直少姿，也有数株，斡枝苍老，权枝伸得蜿蜒多姿，直可与超山的老梅媲美。

在桃林中间的路上，看见一辆大车，由一骡一驴拉行，路陡力竭，骡子不肯再向前了。赶车的骡夫，用鞭乱打，亦无效力，急得流眼泪。郑君与之闲谈，知车上碎石，到兰州城内可换得国币三元，倘今天到不了城，不特无从得食，即牲口的草，也无处去赊买，所以急得哭。西北劳动家的苦处，也不是东南的人们所能想象的。大人先生好空谈开发西北，大家没有深入西北的民间，何从得知西北老百姓的贫乏呢？前面见到一个村庄，我们过去和村民谈话，知道他们就是桃林的农民，每家都有几十株桃树，每株仅值一元左右，可知结了果，也是不大值钱的了。他们的女孩子尚从小缠足，我们劝做母亲的不再替她们的女孩子缠足，他们中间也有表示同意的。

在那里遇到通成公司建筑甘新公路的工头，知道近兰州的一段公路，已着手加铺石子，约有一二个月的时间，就可完工，以后重来石家湾时，当不致再吃崎岖不平的原始时代道路的苦头了。我们常说，西北公路是我们和苏联交通的国际路线，不料离兰州二三十里的公路，还是原始时代的骡车路，可知一般高谈建设的人们，一向注重开发东南，今日即要加紧建设西北，就有捉襟见肘的现象了。但是亡羊补牢，还未为晚，倘然我们能够急起直追。并力先从交通下手做去，其他的建设事业，自然迎刃而解了。孙中山先生的建设计划，本来定兰州为中国铁路网的中心点，我们现在应该做到兰州为西北交通的交叉点，并为西南和西北运输的联络站，也是中苏国际交通的起讫站。第一步整理公路，第二步调整航空路线，第三步才轮到建设铁路，同时赶将陇海路修到兰州，方才有实行孙先生计划交通的可能。

047~051

第十二章　游小西湖和金山寺的感想

12.

游小西湖和金山寺的感想

离兰州西门外五里有小西湖，旧为明肃藩的别墅，本来通神泉的水源，因植莲花于池中，所以一名莲花池。民国九年，兰州地震，把池水震涸了，因此池中长满了芦苇，已不若从前可爱了。二十日上午九时，同事程君，同伴章君和我三人，搭了骡车出西门，经过的马路尘埃飞扬，我们的车轮过处，灰土蔽天，犹如腾云。离西门不远，见有一条握桥，建筑异常别致，桥长约十余丈，形状像一张弓，弓背向上，弓弦则成为水平线，上面盖了屋顶，有些像颐和园的走廊。桥底没有桥墩，它的力量完全靠两端的桥脚，桥面铺板，板下用圆木排成相对的行列，由上端一列一列地铺上去，至最高处两列相遇为度，与环龙桥及用桥墩的桥有别，可称为我国第三种桥梁的建筑法。

兰州握桥

过了握桥约半里的路程，见有巍殿崇宫，屹立山上，则为有名的雷坛，又名金天观，闻系明初肃王所建。当时丹楹绣栋，颇为一时之盛，明末李自成作乱，破兰州时曾将两河东西寺院尽付一炬，独有雷坛未遭焚如。雷坛占地三里，中为雷祖殿，两廊为雷霆将吏、两师、风伯的神像。左面有阿文成公祠，祀清大臣阿桂，因为戡平回乱有功，他的孙子那彦成复做了一任陕甘总督，所以特地替他奏准建祠入祀，以资纪念先人的功绩。从雷坛的山上直往山顶仰望，见有堡垒四个，据说系左宗棠平回乱时所筑的碉堡，俗名四墩平。左公驻节兰州时，所留的遗迹最多，可知人能为国家和人民立功，则其德泽流传后世，自然没有被遗忘的理由。

再过里余，只见沿途田中遍植李树，李花盛开，一望无际，遥见亭台殿宇，知已到小西湖了。骡车由门侧而进，我们下车步行，见中间一亭，四面垂柳，亭前牌楼一座，一面题"瀛洲"二字，一面题"柳浪闻莺"四字，颇似杭州西湖的湖心亭。不如北平南海的瀛台，所惜池水已涸，减色不少。岸旁为陶陆二公祠，祠门有一联为："高山仰止，大河前横，"因地临黄河，颇合二公的身份和当地的环境。进去参观，知系前清末任陕甘总督陶方之和他的门生，民国第一任甘肃督军兼省长陆洪涛二公的祠堂，现已改为贫民工厂，专制火柴。见做工者多为妇孺，工资有计件和计时的分别，但每人的收入每月最多不过六元，膳宿还须自理。以妇孺做这种有害健康的工作，报酬复如此的菲薄，真不知如何生活。

祠的右面为私立西北中学校，闻有学生百余人，仅办至初中二年级程度，学生以回教徒占大多数。该校为回教闻人孙绳武先生所创

金城关遗址

办，我在重庆时，曾由马逸民先生介见，与孙先生谈到西北回民的教育问题，今见此校校舍简洁，宿舍完全为军事化，学生课余均在校右操场参加各种运动，其造福回教青年，实属不浅。我们参观后就上车向兰州西门而行，至黄河铁桥处，因骡车不准过桥，只得步行至对岸，行数十步，即见峭壁悬崖上有一亭，程君谓即金城关旧址，今关门，因改作公路，已被拆除，其上即为金山寺。我们循山路而上，所见楼台亭阁，建筑雄壮，惜年久失修，已多圮毁，若与镇江的金山寺相较，则莫止天渊之别了。

我们从金山寺山顶远眺，对河的四墩平和沿河的造币厂大水车，气势至为伟大。下瞰黄河水流湍急，皮筏浮泛河上，瞬息即达下游。沿岸筏夫负筏待雇，殊合古人所谓"一肩济渡"的语意。复往东望，则兰州城关内外，一目了然，城南皋兰山如数叠屏风，包围城郊。兰州四面皆山，中为盆地，因此气候没有严寒和酷暑，实为得天独厚的古城。南北两岸有黄河铁桥相联贯，人谓近年开发西北高唱入云，然而比较恃久而仅有的伟大建设，如黄河铁桥、织呢厂、制造厂、造币厂等却均为前清所留下来的遗迹，细思之殊令人慨然！

自从沿海的重要都市相继沦陷以后，于是东南一带的人民，纷纷向西南西北迁徙。我也于二十七年到过川、滇、黔三省，看过了昆明的景色，贵阳的民俗和成都的风物，再使我回忆到旅居北平时的生活。看到黄果树大瀑布时，又联想到庐山三叠泉的旧游。今来西北，初旅兰州，游览名胜古迹，虽亦不乏赏心悦目的风景，然而想到江南的春色，尤其是二十余年以来，一年一度的杭州香市，和几次陪老母偕内子游屐所经的金、焦二山，闭目静思，山光水色历历犹在脑海中映现。今日面着池无滴水的小西湖和窳败零落的金山寺，如何能不引起一番故国之感呢！想起明末遗民夏存古的"无限山河泪，谁言天地宽"的诗句，不禁一掬同情之泪。

052~057

第十三章　甘青道中

13.

甘青道中

我们到了兰州之后，就预备先到西宁一游。初以在兰州尚有许多事情未了，继则因公路局只有敞车，且须经过水登宿夜，非常不便，故多方设法与人合坐小包车。无奈公路局现无小包车出租，其他各机关虽有自用汽车，然复因汽油无从购得，亦无法借用。幸有青海省政府谢委员慈舟因公在兰，即将专车返青，经老友许元芳先生的介绍，承其允诺偕行，于是索性在兰静候谢委员的行期。四月廿八日承谢委员过访，并嘱预备行装，次晨五时半到其寓所取齐，以便赶早出发，俾不经永登，径由甘青新路，当晚可以到达，我们就把行李收集好了，未了诸事即行办妥。

至二十九日清晨四时半，我和同行的章君即行起床，五时梳洗已毕，即将皮包二个，毛毯一条，坐上骡车，向谢委员住宅。承李处长款以早餐，饭菜四碟，鸡汤一大碗，并有广东咸鱼、大头菜等，为下饭妙品，我们竟立尽大米饭三碗。早起吃饭实为二三十年来之第一次，胃口如是之好，殊出意外。饭毕公路局所租之车，迟迟不来，至六时十五分始至，我们急忙将行李放上汽车，人即在敞车所装货物上铺毯而坐，往车站加油检验讫。正可开驶时，司机与谢氏随员不知何故，一言不合，即行停驶，并激怒车站管理员，竟欲将司机扣留。旋经双方力劝，始获出发，时已七时三十分钟。到处司机的傲慢自大，实为公路交通的症结所在，培养技术与品性优秀的青年，取而代之，实为当务之急。

我们的汽车计二辆，第一辆由谢氏坐司机旁，内装行李杂物，由一随员押车，第二辆由青海新任民政厅郭厅长立亭坐司机旁，我们大家坐在车上，并有第八战区总司令部，派特务营排副一名，士兵四名，随车保护。由车站出发后，即过黄河铁桥，循河北甘新公路前进，八时三十分车过石家湾，经桃林，见桃花已谢，梨树亦仅有绿叶，离我们上次看花不过旬日，花开花落已有人面桃花之感，世事均逃不出时间的磨折，思之悚然。车经石家湾时，本拟驶甘青新路，因路面刚铺碎石，车行其上，既费车胎，复费汽油。第一辆车，即折向右边旧路而驶，我们的一辆也只好随之而趋。旧路是两山中间的沟道，闻夏季山洪暴发时，常有被冲没的危险，两旁崇山峻岭沟道蜿蜒曲折，随之旋转，所经以土山为多，间有石山，亦系土中带石，既乏树木，也无青草，真是深入不毛之地。土山经洪水冲刷，山腰的水痕隐约可见，另有数山在山顶以下，山腰以上的部分，被冲成上下垂直的线条，远望好像古代罗马宫殿的柱石，排列成行的样子，可算是上帝所造的建筑模型。

八时四十分抵四十里坡停车休息，我们与谢委员、郭厅长等，均在村中小茶店啜茗，见村民贫困，小儿女均不着裤。居民房舍器物无一非泥土所制，可谓与土为缘，水中含黄沙极多，非沉淀久之不能饮用。车停二十分钟，再向前进。十时三十分车过永登县境，十一时〇五分停哈家嘴，谢委员所携大米饭，嘱村中小店下锅炒熟，令我们同食。饭少人多，遂就近购锅块充饥，我们各进炒饭一碗，锅块半枚。北方人见我们健饭，莫不啧啧称奇。半小时后，再向前驶。下午一时停红城镇，甘新公路由此镇起，已由骑兵第五军军长马步青督修，路面加铺石子两旁密植杨柳，直可与湘桂公路媲美。过了红城镇，见人烟逐渐稠密，沿途村庄亦比较繁荣，果园菜圃，桃梨苹果等花盛开。因有庄浪河的灌溉，农村赖以发展，麦苗已插，农妇在田中操作，多膝行田亩间，皆因缠足所致，此风不除为害非浅。途中尚有粗干老柳，垂丝飘扬，询知系左宗棠平回时所植，惜已陆续被斫，致已凋零将尽，殊可痛惜。

二时二十分抵永登，入城宿夜，因旧路例须在此休息一夜至明晨始可再进。我们幸有西北公路局介绍信，本备回途搭公路车时，可在永登招待所歇夜，今则去时已过永登，我们未带被服，遂偕章君往访该所曾管理员，当荷招待，并留晚饭。我们以时间尚早，乃往城郊游览，见街市整洁颇似泰安城。东郊有青云山，山上有玉皇阁，我们登山啜茗于阁前，远眺永登城郊，历历在目。复入城参观青云小学，为马军长步青所办，有学生百五十人，汉回兼收，马自兼校长，校址即在文庙。见校中师生均身体顽健，宿舍用土炕被服均极简洁。五时在河北饭庄用晚餐。该庄绝似南口某天津馆，回忆二十五年春偕内子葆真游八达岭、青龙桥，看万里长城时，也曾在河北风味之小馆子吃饭，但此地则价贵菜劣，不如南口之价廉物美而已。饭后返招待所，与曾君略谈片时，七时即睡。我们自成人以后，从来未有在下午五时用膳及七时睡眠的事情，今日车中因自兰州至红城镇的一段公路崎岖难行，以致颠簸不堪，上炕后竟沉沉睡去，至次晨四时三十分始被侍役叫醒，匆匆用膳登车。可知患失眠症者，均系劳动不够所致，倘能日间劳作若干小时，则晚上睡觉就可免去失眠的痛苦了。

三十日上午六时，从永登出发，汽车经过庄浪河，即横跨河面而驶。谢委员所搭的一辆车已错走了路，我们的一辆也跟踪走入歧路，及他们改道时，我们的车辆已陷入泥淖中。虽经我们下车以减轻重量，但愈陷愈深，犹如陷在泥淖中的泥脚，非把它拔出，无从前进。幸由武装同志，征发民夫二名，把沉泥起出，再将车上所带的铁链放入泥中，开足马力，向前一跃，方得前进，并承民夫向导，得以找到大路。在这一带河面横跨过去的情形，极像由大同车站到云冈去的一段公路。司机既不识途，复掉以轻心，殊可痛恨。

八时过放牛沟，沿途杨柳成林，山上尚有积雪，山阴多有青草，大约因为积雪融化的水分，未被阳光所蒸发，所以土山上得满布青草。见牧马者放马于山上，好像青纱帐上有无数臭虫在蠢动。牧羊者放羊山上，则犹蚤虫在青布衫上爬行一样。九时三十五分过马连滩，见赶车的用骡驴挽着大车，车上满载煤斤，询之车上同行的，知再前去几十里路，就是窑街煤矿，产煤极佳，可惜未造铁路，否则在此搭火车旅行，是如何的迅捷舒服啊。十时三十分过窑街，见街上均是卖窑器的小店，可知这里是以烧窑著名的，并有烟囱数支，实为沿途所经各地的特点。从窑街再前进，车沿享堂峡而行，路沿山临峡而筑，山坡起落，道路曲折，这段路好像由老街到昆明的滇越铁路，但享堂峡的险峻，还要比滇越铁路来得厉害。我们坐在车上，远望前途，心中不免存了"如临深渊，如履薄冰"的恐惧。倘然司机偶一不慎，全车搭客，即有同罹浩劫的可能。但是经过这段时，所见峭壁千仞，溪流湍急，山水的秀丽雄壮，实足偿提心吊胆的危险。这一带的山，均为石山，很少土山，山石中间有青草和野生植物的点缀，也非沿途童山濯濯的丑态了。十一时二十分车过有名的享堂桥，就入了青海民和县的境界。我们下车时，就有享堂特税局赵视察来站相接，我们与谢委员、郭厅长等同到特税局休息，并在那里用了午餐。从窑街到享堂所经过的水道名叫大通河，与永登出发时横跨的庄浪河，是并行的两条黄河的支流。过了享堂桥，就是青海的湟水了，大通河与湟水复在河口与黄河合流。青海是黄河和长江的发源地，东北以湟水与黄河上游相合，西南以通天河与长江上游相合，中国的两大流域，均以青海为出发点。

下午一时十分由享堂站进发，二时二十五分过老鸦城，三时过高庙子，三时五十分过乐

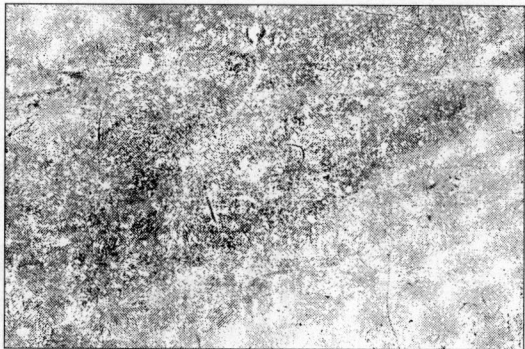
享堂桥

都。该地为古鲜卑王城，现仍有鲜卑族的居留，当地人叫他们做土人。四时十五分过韩庄子，我们下车在小饭店前啜茗。饭店为回民所设，水既清冽，茶叶尤佳，实为由兰州至西宁沿途所无，足见回教同胞爱清洁的风气。六时二十五分车抵西宁，当有民政厅全体职员来欢迎他们新任的郭厅长，我们则由青海省政府派谭厅长时钦，马视察汉章，及中国农民银行熊经理木土前来欢迎，并指定昆仑大旅社，为我和章君下榻之所。七时在大旅社进膳，膳毕复承陪往海清池洗澡。两天坐在敞车上尘埃满身，一经沐浴，不觉如释重负。古人所谓"洗尘"，诚为招待征客的优遇。入青海境即见道路平坦，路旁柳树成荫，可见当局对于筑路与造林的注意。自享堂以至西宁，到处汉回杂居，间有土人及蒙藏人的踪迹，青海好像是国内各民族的展览会。闻当局除普通学校外，复多设回教中小学，及蒙藏学校，以提高各族青年的文化程度，实为解决民族问题的要图。

058~064

第十四章　西宁观感

14.

西宁观感

　　西宁是古代的湟中地，从汉武帝把西羌族驱逐了出去，筑了"令居寨"以后，经过二千余年，均为我们汉族与其他各民族生存竞争的决斗场。中间经过吐蕃族的长期的占据，至明洪武年间光复故土，改设西宁卫，到满清入据中华，西宁亦随之沦陷。民国肇兴，改为西宁道，十五年废道，改为行政区，十七年青海建省，西宁遂为青海的省会。西宁北濒湟水，南临拉脊山，四围均有起伏无定的山脉，省会则适为盆地，城周围约四公里，有四个城门，外设关开了三个门，城墙外砖内土比兰州为雄壮。城内牌坊林立，殿宇栉比，也较兰州为古雅。人们都说有些像北平。尤以北城外一带榆柳成荫，城郭凹凸，颇饶北平四郊沿城的风味。

　　西宁因有湟水的灌溉，土地肥沃，宜于植林及耕种豆麦等作物。因地属高原，故交春较迟，然桃梨苹果等树，也均已开花。麦苗亦已插秧，在入青海境以后，即觉无异置身江南农村。我们在四月三十日晚到达西宁，适值阴历三月十一夜，明月当空，步行在东大街上，大有在北平天安门外甬道中踏月的风味。故对唐柳中庸："青海城头空有月，黄沙碛里本无春"的诗句，颇觉形容过当。大约在唐朝的时候，青海还是塞外寒荒的地区吧。我们的汽车从东门进城时，第一个印象就是在城门上所写的标语，横额上写着："建设新青海"五个大字，左右两联是："服从最高领袖蒋委员长"和"拥护劳苦功高的马主席"，并标出本省六大中心工作：（一）编组保甲，（二）训练壮丁，（三）积极造林，（四）厉行禁烟，（五）修筑公路，（六）推广识字，可知青海省政府苦干的精神,远非省外一般人所能凭空想象的。

西宁为汉、满、蒙、回、藏、土六种民族杂居的都会,除满族已被汉族同化,蒙族仅有少数蒙古王公及其子弟寓留和在蒙藏学校读书外,约为汉族十万人,回教徒五万人,藏族七千人,共计十六万人弱;有谓汉回两族合计仅五万九千人,蒙藏两族的户口则尚未调查。后说为民政厅的估计,似属较确。西宁各族聚处,最近以马主席子香竭力维持各族平等的原则,尚能融洽,但以回教徒严守教律生活,方式与汉族不同。至于蒙族与藏族,虽向度其逐水草而居的游牧生活,但蒙族处处畏缩,一切言语文字,生活习惯,已与藏族同化,其祖宗尚武勇敢的遗传性已消失无遗;藏族虽藉有黄教的深入蒙藏两族的人心,和其民族强悍的性格,但因男女关系的过分自由,以致患性病的很多,人口的繁殖力已缩至极度。至于土人仅民和等县尚有遗留,他

藏民村妇

藏民贵妇

县已不易见到，其人种亦已离消灭的境界不远。

西宁对于公民训练，已做到公平与普遍的地步。公平就是指的无论何人在从十八岁起至五十岁止的年龄内，不能因任何事故逃避训练。普遍是指的各乡各村一律照办，不得以特殊原因而请求缓办。西宁的壮丁，不但每天早晨要上操，即无论筑路植树亦须参加，就是造好的公路欲时加修理，种好的树木要天天加水，也是壮丁们的份内事。另外还有一种类似徭役的制度，就是征集各种技艺的工人，无偿替政府和军队服务，譬如军队的制服，即分配各区的裁缝匠缝纫，仅发衣料不付工资。又如政府兴建土木时，当地的泥水匠和木匠，也有无报酬替政府服役的义务。所以青海省政府对于壮丁，非但施以公民训练，而且还实行劳动服役的政策，因之对于六大中心工作的造林和筑路两个工作已有相当的成绩。西宁的外县的保甲制度，也办得相当的好，全省已无土匪存在，外省人入境和省内人民出境，均有登记，城内连小偷都已经绝迹，这也是保甲编组的成效。

西宁公务员的报酬是非常菲薄的，各厅厅长仅发维持费八十元，现在还要打二个七折，只得实数三十九元二角，其他科长科员，更等而下之，是不必说了。西宁的公务员均穿蓝布制服，出门仅马主席有一辆福特篷车，其余的厅长和委员最多自备一骡车以代步，大多数仅靠两脚安步当车。西宁

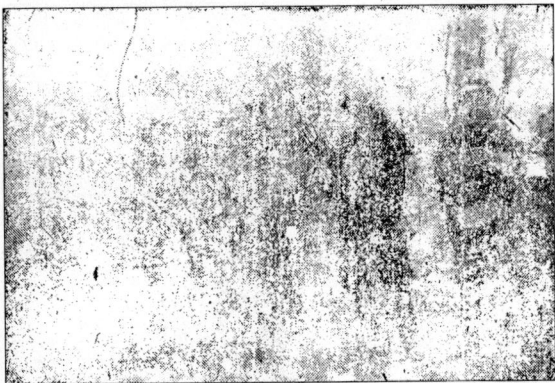

藏民男女

回教妇女

的物价不但本省出产的面麦较兰州为贱，即一般国货与洋货的市价，也反较兰州为低。这大约因为没有奸商从中操纵的缘故，尚不致影响于公务员的生活。

有两样东西，是他处所有而西宁所无的，第一样是电灯，第二样就是人力车。电灯听说已向兰州电灯厂接洽，待他们的新机器装妥，旧机器就可运来安装在西宁电灯厂内，到明年下半年再来的时候，当有电灯可用了。人力车不知何故尚未仿用，大约青海是出产牲口的地方，家家自备牲口可以驾车，也可以骑坐，所以就没有人力车的必要了。青海省还有一件值得大书特书的事情就是从民国初年马主席的封翁马公阁臣当镇守使时起，即已禁种鸦片，以后即悬为厉禁，财政尽管困难，烟禁决不开放，实为西北各省之冠。现在吸毒的人民，也只限于汉族及一般专学汉族短处的蒙族。我们希望省政府实行禁绝贩吸，则造福于汉蒙同胞，当非浅鲜。

西宁的教育文化程度，当然非东南和

回教中学

西南可比，但学校教育相当发达，中央方面设立的有中央政治学校、西宁蒙藏分校；英庚款创设的有三高中；省政府设立的，有蒙藏师范学校、简易师范学校、初级中学校、女子师范学校、职业学校；回教促进会设立的，有回教中小学。小学每村均有，合计为八十余。我们曾参观了回中，校长系马主席自兼，另设副校长及教务长，校舍由工兵建筑，全校学生均军事化，校门守护的学生军，均荷枪实弹，闻其出路多为投考中央军校，该校可为青海的陆军预备学校。在校学生除照教育部定章规定科目外，每周小学授四五小时的阿拉伯语，中学则每周二小时，其他为军事学及军事服务，似非普通中小学校所有的科目。西宁日报仅有《民国日报》一种，且消息不灵，印刷不良，闻系党部主办，殊欠精神。此外尚有《青海青年》，为三民主义青年团所刊，《星月周刊》为回教促进会所刊，《教育通讯》为西宁县政府教育科所刊，西宁方面的出版物仅此而已。

马主席一身兼八十二军军长，青海省党部主任委员，回教促进会的委员长，对于财政部贸易委员会在青海采办羊毛等事，也由省政府代办，马主席亲自主持，可谓以一人兼任青海全省的党教（宗教和教育）、军、政、商的领袖。故早晨天明即起，日理万事，几无片刻之休息，我们替他的健康颇为担心。闻马主席年仅三十六岁，治军颇有成绩，自兼任省主席以来，对省政也颇多改进，因世居青海之故，各县多有亲戚、族人、乡党、同寅等的居留，故县长倘有不顾民情之举措施，随时可进谒面白。马主席对中央既极服从，对蒋委员长尤为拥护，对各民族亦能一视同仁，相安无事，我们极盼望其能与白健生将军，同为回教徒中的军人政治家。

青海的出产以矿产、粮食、皮毛、药材四项为主要商品，据财政厅的调查，每年可产金矿四千两，煤矿一千八百万斤，粮食四十万石，羊毛六百万斤，羔皮十五万张，狐皮三千张，紫貂皮五百张，老虎皮五百张，狼皮八百张，大黄十万斤，甘草二千斤，鹿茸七百斤，麝香三百两。青盐为中央直接办理，省府无从查悉。青海既有如许物产，若能改良畜牧，发展农业开采各种矿藏，则不但青海不愁贫乏，即抗战建国的前途，也深有赖于青海积极的开发。

现在的中国，东北四省早被侵占，东南各省的省会和重要都市也相继沦陷，西南各省虽尚在我手，但早为国际资本主义所包围。近虽各国同情我们的抗战，但事事既有求于人，即处处非仰人之鼻息不可。仅余西北数省，可以自主的力量，做抗战建国的后援。复以外蒙的决然独立，新疆的貌合神离，陕甘已临前方，无可从容开发。以挽救垂绝的国命的，只有青海的一片净土了，加以自抗战以来，国土日蹙，沦陷区的人民流离失所，倘能由中央与青海当局彻底合作，将东南一带的人民，移殖青海等处隙地，做作有计划的经济建设，则福国利民当无过于此了。

065~074

第十五章　谒佛教圣地塔尔寺

15.

谒佛教圣地塔尔寺

我们来青之前，即承到过青海的友人相告，必须往塔尔寺去一次，在那里可以看看佛教革命家宗喀巴所遗留的真迹。与我们同来的谢委员慈舟，也竭力设法使我们不虚此行。惟西宁离塔尔寺虽仅二十里的路程，但除了汽车，即须骑牲口或坐骡车，往返非常不便。西宁城内仅有马主席的一辆福特篷车，此外即无从租借，后承谢委员亲自出马，代向马主席借用他的西宁唯一的汽车，当荷马主席慨允。遂定五月四日清晨七时出发，同行者除章君外，尚有省政府马视察和马参议二位。

我们的汽车出了西门，沿途即见白杨与绿柳，夹道而植，新插树苗，尤无从数计，足见当局对于造林的注意。经过的乡村均有县立小学，学童负书包正去上学，学生服装悉称家之有无，并不强制穿着校服，此点也大有广西精神。快到鲁撒镇时，见有回教促进会所设的回教小学，校舍整齐，地点颇广，与城中的回中同样实施军事训练。鲁

撒镇是汉藏两族互市之所，但不是在香会的时候，货物既不集中，交易也自然清淡得很。闻从前曾设过洋行，专为收买藏族的物产，可见从前贸易的盛况了。过了鲁

西宁街景

撒镇，就见绿杨丛中，崇楼叠阁，殿宇栉比，那就是佛教圣地塔尔寺了。

我们先驶过八个喇嘛塔和小金瓦殿，一直往办公厅藏名"公本吉哇"的所

达赖十四世及其师保

在，由襄佐更敦大吉导游全寺。"襄佐"仿佛南方僧寺的住持，不过他们的襄佐分为管粮、管账和管庶务的三种，俗名为大老爷、二老爷和三老爷。为我们导游的就是二老爷，他的年纪已有五十八岁，身体魁梧，昔年曾在北平雍和宫住过多时，故说得一口流利的北平话，态度诚恳，一见我们就非常亲热的陪我们玩。我们先参观大经堂，建筑参酌中西，极尽富丽堂皇之致，面积极大，闻足容三千喇嘛僧参拜。念经堂前柱石犹如曲阜大成殿的模样，惜柱子都用红布包裹，未能见本来面目。堂内的柱子，均为名贵的西藏毛毡所蔽，拜垫也用高贵的地毯所制，其长适如堂的宽度，惟每一喇嘛僧的跪处，自成一圆形圆案，可以代替蒲团之用。

再进去就是讲经院，建筑雄壮，内藏汉、藏、梵三种文字的佛经，藏经的丰富为全国之冠。他们依佛教经律，论三藏分成三个学院，把全寺的喇嘛僧经过相当时期的研究经典，并严格的考试，然后

派到各院，再作个别的极深研究。律学院内又分做医学和天文二门，今天适值阿嘉呼图克图口试之期，所谓呼图克图就是圣者的意思，是喇嘛僧中最高的权威，阿嘉是他的名字。凡与试的喇嘛僧，除一部分在阿嘉尘前席地围坐，受阿嘉面试外，余则在院前广场，分为三大组，每组复分为若干小组，每一小组，中间一人立众前发问，余人围坐受试。每一问题限时解答，如答案无误，中立者即拍手称是，否则即以两手之背相击，表示所答不符所问。误答者第一次被罚将念珠挂入颈部，第二次则以手按其颈部，第三次则以手摩其顶以辱之。闻所试即为佛教的因明学，也就是论的一部分。他们视因明学的程度，以测佛学造诣的深浅，盖犹论理学为治各种学问的门径，其理实相吻合。我们看到出题发问者的庄严沉着的态度，和对答者思考应对的神情，与旁听者聚精会神静聆问答的气度，还有答的对或错时，出题者当机立断，做手势以

喇嘛诵经

喇嘛磕等身头

表示接受或拒绝的姿态，雍容大方，犹老吏断狱。至于阿嘉的风格，宛如一个渊博的学者，他的讲经方法，完全采取自动主义，由听讲者自由发问，然后加以指正。据说喇嘛僧入各院研究以前，须经严格的考试，每人得应试三次，至第三次落第时，即失去进修专科的资格了。又闻塔尔寺关于律的经典尚多印度原文，未经译成藏文，故学律的喇嘛僧，仍以留学印度为唯一出路。

再进至大金瓦殿，该殿专为纪念他们的始祖宗喀巴而建，殿顶铜瓦，镀以黄金，故有大金瓦殿之称。屋顶饰物，亦为铜制镀金，极尽金碧辉煌的能事，殿高三层，殿的中央供宗喀巴像，闻为纯金所铸，并陈列宗传教西藏时，寄其母亲的指血自画像，儿时在石口所留的足印，并其他一切遗物。像前供酥油灯，火光熊熊，闻自建殿以来未曾灭熄。殿前檐下，用条木铺地，喇嘛僧有远自蒙古、西藏而来，立愿在宗喀巴像前磕他们所谓"等身头"，就是先把膝髁着地，然后伸手托在头前，复将头磕在地上的五体投地的拜法，我们见板上已现出七个印子，即为两手、两膝、两脚尖和一个头着地磨擦而成的。闻他们磕一万个头只算还一个愿，还的愿越多磕的头也越多，而且有的从出了家门数起，一步一叩，叩到塔尔寺的天金瓦殿前为止。如果还愿的人走到中途，所带盘费用

大经堂前僧众

喇嘛辩论经典

呼图克图讲经

罄，不能继续前进时，则记住停止进行的地点，乞食而返家乡，以备再积了一笔款项，将来可再从那里一步一叩的往塔尔寺而去还愿。这种办法不去说他，然而他们的一往无前、百折不回的精神着实可敬，倘能移用之求学立业上就非成功不可了。

我们出了殿门，即见有古树一株用木栅栏围住，盘根错节，姿态苍老，据说系"旃檀树"，宗喀巴的胞衣即埋于树下，并谓树枝皮肤透明，内现藏文经句，则不过古老传说而已。其左为一神殿，内列神像做男女相对拥抱状，与从前在北平雍和宫所见的一样，北平人均呼为欢喜佛。据闻此为密宗的神祇，大约取"见怪不怪，其怪自败"的意思吧。从该殿旁边上楼则见喇嘛僧分二排，盘足而坐。口诵经页即朗朗可听，经页的纸极坚厚闻系西藏所产，形如腰带，长约二尺，阔约六寸，两面印刷经文，四周围以黑线，可与宋版媲美。再入一室，则见老喇嘛僧手持钟磬之属，随敲随念，声振屋瓦。其左为班禅乘坐之舆，形如上海旧时的马车，惟全车漆以黄色，车垫均用黄缎，因已上锁故未明视。下楼后再上云梯，一览屋顶金饰，有如塔形的，有如伞形的，也有如瓶形的，均系铜制镀金，耀入眼帘。在屋顶上四

活佛宫室

喇嘛入塔

望，见左面山上，崇楼连云，矗立天际，知为活佛行馆，有如贵胄的甲第，活佛养尊处优，诚不愧素王之尊了。山右为喇嘛僧的住所，广厦千间，鳞次栉比，约可容五千人之居处。从屋顶右角俯瞰，见讲经院前广场中，喇嘛僧麇集研讨经典，质问声，对答声，评判时的拍掌声，旁听者的附和声，嘈杂喧哗，分组辩论，无异学术团体的座谈会。由屋顶下来后，再参观他们的厨房，中置直径一丈大铁锅三只，旁置茶桶无数，闻系香会时煮茶分饷香客之用。

参观将毕，二老爷即邀往他们的公本吉哇（即办公处）内休息进

茶点，至则所谓大老爷、三老爷亦在座，殷勤招待，奉茶甚敬。他们有烘锅块形似面包，有的其中加入乳油，味极可口，还有一种炒面，犹南方的炒米粉，掺入乳油及糖，则颇难下咽。茶味尚佳，惜加乳油及糖后，反觉乏味。我向敬茶的喇嘛僧索清茶解渴，一饮可尽五六杯。因为在日中跑了多时，已觉口渴难当，所以更觉茶味清香。二老爷此时允将转世的达赖喇嘛请出来给我们相见，我们在等这位未来的活佛的时候，随便与二老爷等谈天，承他们告诉我以塔尔寺的来源和他们的组织。他们设经律论三院纯粹为佛学研究机关，内置格喜（汉译为贤者）一位主持三院院务，下置法台一位，汉译为教务长，专司教育事宜，格奎（汉译为训育长）一位专司管理全寺喇嘛的行为。倘违犯清规，即遭皮鞭的鞭挞，鞭悬大金瓦殿侧屋，见之令人悚然，闻活佛小时亦由大法台教以经典，倘有过失，亦可略施夏楚，但于施罚前必须由教授先行拜跪致敬。故小佛每遇教授

大金瓦殿屋顶流金

屋顶金饰

跪地时，即抖栗不知所措，实为奇闻。移时一喇嘛背负小佛而来，询之年仅四岁，闻其父嗜酒善骑，不事家人生产，其母则有夙慧，故小佛性格极伶俐，虽不谙汉语，然二老爷告以与我们握手为礼，毫无寻常小孩子气，我替他摄影，亦毫无畏缩的态度，二老爷有问，小佛即对答如流。据二老爷告诉我们，达赖转世系西藏拉萨三大学寺派人四出访问，凡青海、西藏、西康三地的聪明儿童，能将活佛生前用具在仿制伪品中，由所选儿童检取真品者，即为入选。惟三个小佛，仍须经过高级喇嘛僧的抽签决定。

我们见了小佛，即行告辞，仍搭汽车返寓。经寺内的小金瓦殿，下车参观，见殿高二层，铜顶镀金，与大金瓦殿互相辉映，惟规模较大金瓦殿为小，但自成一局。建筑也极其壮丽，内供佛像，我们也没有详看。在小金瓦殿后面有小山八座，相传为年羹尧征西时曾杀喇嘛僧八人于此，故建八塔以资纪念，实则佛教以八种功德圆满为最高标的，佛寺前多建八塔以象征八德，这种传说，实属无稽。途中见藏妇二人，我请其摄影，即承允诺，稍远又见土人妇女四人，我亦以摄影相请，一妇即怒，促避去。幸经路人及同行的相劝，也荷同意。又见回教徒老妇小女，即出摄影机向之摄影，也未遭拒绝。连日前在寓所承蒙古王公夫妇嘱我摄影，计已得蒙、回、藏、土四族的影像，服装各别，宗教不同，生活方式亦相去甚远，竟能杂居一地，相安无事，实为难能可贵。

宗喀巴为佛教的革命家，与基督教之有马丁·路德无异，因佛教在十世纪前，即由印度传入西藏，至其末流，一切清规，沦陷已尽。至宗喀巴出世，始负起宗教革命的使命，以释迦的慈悲救世为精神，以提倡清净无为，戒绝俗世嗜欲为教律。他生于明永乐十五年，在西宁出世，殁于成化十五年，在西藏拉萨圆寂。死后经其门徒达赖、班禅及哲布尊丹巴等传其衣钵，努力募化，以建此塔尔寺。蒙藏人民对佛教本极信仰，经宗喀巴的门徒们重振教律，于是众仰所归，使塔尔寺成为东方佛教第三圣地。凡蒙古人之信佛教者，以一至塔尔寺为终身大愿，而青海蒙藏人则以一谒西藏拉萨三大寺为无上荣幸，而西藏的蒙藏人复以一朝释迦圣地为莫大福慧。

在我们的回途中，不免想起许多问题，觉得一般人对于塔尔寺的误解与错觉，实为不可思议。如谓他们的财产足以抵偿庚子赔款而有余，则以铜瓦镀金视为纯金屋瓦所误解。有谓活佛转世能以青海的候补者当选，则外蒙、西藏即可归附，则又认为活佛还足以统治蒙藏的错觉。又有以喇嘛教非佛教，及黑、白、红、黄四教为喇嘛教的分派的，则不知喇嘛即活佛的藏译，仅能视为佛教中的一派，并非在佛教之外另有喇嘛教的存在，更无以颜色而分成教派的理由。宗喀巴以前的西藏佛教已至陈腐窳败的地步，非有大刀阔斧的革命精神起而改革，则已同归于尽，此则为以新继旧的宗派，而误解作他们的教名，也不可不辨明的。蒙藏民族大多数人民数千年来仍度其游牧生活，民众不识不知，根本没有受教育的机会，仅赖出家当了喇嘛僧，方有研习经典，得到识字求学的机会，与欧洲中世纪学者皆被豢养于经院仿佛。在政府对蒙藏民族的生活与教育尚未能普遍改善以前，即欲破除他们的宗教信仰，也有过早的错觉吧。

075~083

第十六章　乘架窝赴临夏夏河途中

16.

乘架窝赴临夏夏河途中

我从五月七日，自西宁回到兰州之后，即预备做临夏和夏河之游。承甘肃省政府朱主席一民替我具函介绍拉卜楞保安司令部黄司令正清，并荷甘肃平市官钱局顾经理尔绳替我函介两地官钱局的办事处，还蒙老友许长庆先生替我介绍，现在临夏休养的国府委员马勋丞将军和贸易委员会拉卜楞办事处朱少芸先生。事情凑巧，适值夏河县胡县长明春，因参加甘肃省行政会议来兰。复得胡县长面告，关于途中的一切准备，临行时县派夏河县的长警护行，故在途中毫无困难。从兰州到临夏和夏河只有坐牲口可以代步，我托了甘肃邮政管理局李局长进禄，代雇架窝子二架，并随行护送的夏河县长警，与兰州中央银行卫士骑的骡马二匹，一切准备妥当，我偕中央信托局同事朱家鹤君同行，于五月十三日上午八时出发。

架窝子简称架窝，一名杉子，是西北走山路的最舒适的交通工具。它是用木条制成摇篮式的篮子，上面再用木条支架了一个遮盖竹席的架子，把顶上和左右两旁都遮没了，再用一张竹席将后面遮没，还有一小张竹席向顶的前面伸出一点，以免阳光从前方晒入。在篮的两旁附着有两支木杠，木杠的两端用皮带和绳子相缚，即架在两只骡子的背上，这就是一架架窝子了。因为骡子的步伐不能一致，所以坐在架窝子内无异睡小孩子的摇篮，一摇一摆的向前走，有时遇到上山下山，则骡子一只在上面，一只在下面的簸动，于是架窝子向前后摇摆，那时坐在里面就不大好受了。我们另备二只牲口，预备给随行的卫士等乘坐，倘我们架窝子坐得累了，也可以与他们交换骑着牲口代步，这是我出发以前，对于交通工具的准备工作。

我们十三日八时离开兰州，即出西门，十时一刻即过西境，已行十五里，全在黄土堆上进行，毫无风景可看。十二时到蒋家湾，已行三十里，即在回教小店打尖，这里地势渐高，并有泉水由山上流下，故该店的茶味特别甘美。十二时三刻再向前进，即上尖山子，山顶极高，山路陡峭，颇似普陀山前寺往后寺的山顶形势。四时十分上河家山，已入洮沙县境，即在山顶休息多时，再向前进。这里的山上均有梯田，山顶满盖青草，风景极像莫干山顶御碑亭的样子。四时五十分入大沙沟，这沟长十里，群山包围，沟道四通八达，地上乱石分布，很像华山山脚到青柯坪一带的模样。此处昔为土匪出没之地带，我们动身以前，颇有几位朋友劝我们，须请省政府派几个兵士护送，后因中表韩树棠弟告我，谓倘带军队随行，各县即将勒迫民众供应，还是不带的好，所以我们决定冒险一行。当我们入沟时，将马铃卸除，好像行军时的衔枚疾走，至五时五十分方出沟，幸未遇匪劫。六时抵墁坪，宿汉族小店，见店主老夫妇正在炕上抽大烟，见客至即匆匆下炕，即将该炕让我们下榻。我们带有旅行床和被服，尚称舒适，我偕朱君出外散步，见该处妇女均缠小足，其纤小的程度，为全国各地之冠。又在左近见有藏族男女各二人，即在道旁煮食，食后即在该处露宿，他们生活实在太简单了。本日计行八十里。

十四日六时起身，七时十分上路，八时入小沙沟，这沟长三里，规模不如大沙沟甚远，九时渡洮河，已行二十里，沿路见两岸林木青葱，对面山上有红塔寺，土山分裂的一部分，独立如柱，自顶至底，壁立成圆形塔状，天造地设，未施人工，殊称奇观。洮河渡口有船磨，两轮伸出左右船舷，颇似旧日欧洲的明轮汽船，洮河渡船颇大，可容架窝合及牲口连骡夫随行诸人过河。闻系回教徒所管理，见我们极为和顺，但见乡民及夫役等过河时则不免敲诈，政府应加以取缔，以利民行。过了河就入临夏县境，大道两旁，杨柳成荫，颇像鄞县至天童的万松林。该处有唐汪川，为洮河的水源，所以这一带的土地肥沃，乡民极为富足。九时四十分至唐汪川村打尖，此地全为回教徒区域，茶水当甘美。遇汪姓阿訇，即回教教长，闻对缠足已加以劝导，女孩子不致再遭荼毒。见回教徒小孩们，都手执粉牌，上书阿拉伯文字母。回教徒仍以阿拉伯文为第一种文字，致对汉文多患文盲，此风应即改正。十时一刻再向前进，十一时半上牛行山，已行三十里，下午二时二十分抵仓房，已行五十里，休息并在小店啜茗。该店颇似华山山腰的摊子，闻他们的茶水须离此一二十里的水泉取来，可谓勤苦之至，店主亦系回教徒。六时抵牛行山上的锁南坝，宿回教小店，此地有当铺两家，邻居为洛阳红十字会医药队。进去参观，见队员五六人，均在土炕上大抽其鸦片。汉族男的好吸大烟，女的多缠小足，实在太不长进，红十字会队员亦不能免此，殊可痛惜。本日计行八十里。

十五日四时起身，五时上路，因我们拟在临夏城内多游一些时候，所以本日一早预备赶路。八时下牛行山，已行八十里，改骑骡子，下山过永济桥向入城大道而行。八时三刻过大夏河中山桥，遥望临夏城道路平坦成一直线，两旁榆柳成林，颇似扬子江渡口至扬州城的景物，阡陌纵横，沟渠交错，亦极似江南农村。我们骑在骡上，无异并辔驰驱在上海西郊的中山路上。牛行山长亘九十里，在最高峰下瞰，山峦起伏，不辨来踪去迹，山上均已垦殖，足见回教徒之勤苦。十时入临夏城，已行四十五里，我们将牲口解下，自己就在附近汉族馆子洗脸吃茶。他们没有脸盆，竟拿储猪油的搪瓷盆，拿出来预备放水，我们见了即将自带脸盆取出应用。一切茶水饮食，都极肮脏，与回教饭馆相去甚远，此点亦为汉族不如回教徒之处，殊宜痛加改良。十一时访张县长铸荆，适因病请假，由第一科李科长庆华出而招待。闻马委员勋丞住在离城六十余里的别墅，今天已不及往访。承告该县一切现状，我们就告辞而别。十二时游城西万寿观及回教始祖的拱北，即他们始祖的墓园，承马教长永贤出而招待，并为之摄影而别。二时在城南清真阁酒楼午膳，地临大厦河，房间清洁，菜饭适口，为自兰州出发以来最丰美的一餐。二时四十分餐毕再向前进。七时半抵双城宿店，面条二碗，清茶一壶，几待至二小时之久，始得应命。西北旅行之苦，只有身历其境的方能领略。本日计行八十里。

　　十六日五时半起身，六时半上路，九时抵土门关，已行三十里。自双城至土门关一带，须跨过大夏河浅滩多处，极似在杭州南山中间的九溪十八涧。我们下架窝子，即在关上小店啜茗，并购鸡蛋果腹。我们并到关下大夏河滨游览，觉这一带的风景优美，颇有江南的风味。在小店内碰到一位特税局的分卡长刘少源君，系湖南宁乡人，一见即称同乡，欲代付茶资，经我们坚辞，方怅怅而别。过土门关即入夏河县境，已行二十里，啜茗毕即再向前进。十一时过说经塔，四望林木葱郁，天然草地，极为宽旷，见藏族男女成群在草地上休息，所牧牦牛放在草地上让他们自由啮草，我们特地下来同他们讲话，他们中间能说汉话的即前来招呼。我们请他们摄影，他们也很赞成，后有妇女三人不愿加入。经他们男子坚劝，亦蒙许可，并承领导至附近寺院参观，此寺即系拉卜楞所属一百〇八寺之一，内有老喇嘛僧出而招待。闻刚才所见之塔，即为活佛嘉木样一世说法之地，此处颇似天目山老殿，下面砖塔四围的模样，又像上海兆丰公园纪念碑前大草地的光景，不过规模之大，天然风景之美，均不及这个说经塔附近的地区。十二时一刻过清水打尖。土门关至清水一带，风光极像九江城外至庐山脚下莲花洞的情况，遇该处短期义务学校校长张武魁，承告该处仅有学生十余人，经费每月十元〇五角，尚未领得。可见西北乡村的贫乏，以致正式的初级小学都无人过问，只有短期学校招了几个学生聊以塞责而已。一时十分再向前进，三时三刻抵桥沟宿店，我们下架窝子后，即有藏族青年前来招呼，并承代搬桌、凳，见我们用保安刀剃须，及用牙膏刷牙，均觉新奇异常，围立面观，目不转睛。我们将所带的锅盔及红烧牛肉，请他们同吃，他们吃得津津有味。我请他们摄影，他们很大方的坐在长板凳上让我摄影，拍完之后，就向我索收照片，可知他们对摄影的常识还不曾获得。因为时间很早，我们出去走走，复蒙他们做向导带我们去参观那里的寺院和喇嘛僧住的地方，并将他们的妇女介绍给我们看。我拿中央法币问他们，他们也知为票洋，指总理遗像问他们一个说是委员长，一个说是"中央"，可见我们的中央党部，对藏族还缺乏相当的宣传。本日沿大夏河的山路而行，蜿蜒曲折，极似庐山，路旁柳树尽开白花，犹行经庐山的花径。从土门关到夏河，沿大夏河两岸，崇山峻岭，延县二百余里，风景的秀丽，实为由兰州而来，途中所经各地之冠，还有山上青松与红叶树相间而植，几疑置身栖霞山上赏红叶的情景，不度藏民区域有如此优秀的风景。从清水到桥沟中，经四个险峡，头两个峭壁千丈，牲口行经其间，有如"一失足即成千古"的危险，第三个中间悬崖凸出，须从悬崖的石洞通过，第四个峭壁之下即临深渊，更有"如临深渊如履薄冰"的险象。本日仅行六十里。

十七日六时起身，七时上路，十一时过王家滩打尖，已行二十五里。店中仅有冷面可食，我们向邻儿购得鸡蛋十枚，煮食充饥，幸茶水尚清洁。休息一小时，于十二时始再向前进。一时十分经沙扫马，已行三十五里。仍沿大夏河而行，忽而高山险径，忽而旷野平原，在悬崖峭壁时好像登泰山的绝顶，在山脚溪边时，好像经衡山的原野。沿途庄稼均见藏妇在烈日之下劳作，袒身露胸，自然健美的体格，与汉族女孩仍以缠足为美的，殊觉相形见绌了。还有藏族无论老幼男妇，均束腰带，劳动时仅袒其上部，未有裸其下体的，而汉族儿童上身虽着衣，多露其下体，女孩子们一方面与男童一样不穿裤子，然而都已缠了小足，实在是太不长进了。五时三刻抵大煤场，要想宿店，均无适当居室，最后找到一店，屋已倾斜，窗户已不能关闭，土炕也已倒塌，只得勉强住下，幸店主妇尚殷勤招待，把自己的炕让出，给我们睡，但是不听我们的话，仍把炕内烧了马粪，上榻以后，热不可当，加以马粪烧着了的臭味难闻，使我们半夜不能入睡，到了半夜，墙隙窗口凉风习习，竟致被冻醒。一夜睡不到三小时，这种出门的苦况，都市的人们，是难以想象的。还有大煤坝附近，竟没有一家过得去的小食店，我们找到一家回教小店，只有面条和盐，在数十家住户中，欲买几只鸡蛋，也不可得，再四搜索，总算给我们找到四只鸡蛋，将蛋煮在面条中，作为晚餐。该店制面小妇，面貌很像西方美人，似曾在什么地方见过的样子，后经多方思索，才悟其貌酷似北平武英殿内所悬香妃的画像，足见回教徒的祖先确是由欧洲迁来的。在此穷乡僻壤，竟有如斯绝色佳人，亦足补偿我们口福的缺憾了。本日计行七十里。

十八日四时即起身，四时半即上路。沿途山路起伏，风景与昨天的差不多，中途遇了不少藏族男子，骑马带枪或腰悬刀剑，颇有欧洲中世纪武士的气势，间有女子也骑马同行，还带了一群牦牛，牦牛身上装了木材和燃料，还有一切劳动的事情，大半都由妇女担任。半路上在大夏河中见了不少水磨，他们也晓得利用水力以代人工了，道上见有马尸一具，让给乌鸦们啄食它的肉，询诸路人，知为藏族的天葬，他们对于人尸，也是如此办法的。过了几座水磨，即见远处几所街门式的房屋，已到了夏河县公署的前面了。夏河县是民国十七年开始设治的，以前本是青海循化县所属的

藏民居室

架窝子

地方，原名拉卜楞，系嘉木样活佛所辖一百〇八所寺院的范围，本来政教不分，纯属藏族居住的区域，自从改设县治以后，已略具内地县政的规模了。我们从县署到贸易委员会的中途，碰到一群金帽红衣的行列，几个人骑在马上，中间的一个还穿了黄马褂，好像前清的大官模样，后面一个人替他撑了黄伞。询诸随行的长警，知系寺院佛爷的出巡，威风凛凛，真是神权万能的世界。行不到半里，即抵贸易委员会。今天仅行三十里。

贸易委员会会址与平市官钱局的办事处在一起，我们下了架窝子，即上楼访晤贸易委员会的朱少芸，与平市官钱局的萧幼卿二君，即荷招待在其办公室旁客室内下榻。我们从十三日晨在兰州出发，至十八日晨八时半到达，足足走了五天有零。我从香港飞重庆，后从重庆飞兰州，都是六小时飞到，自兰州到西宁，也仅坐二天的汽车，此次从兰州到夏河，仅有四百二十里的路程，竟走了这么多日子，还要在中途宿了不堪领教的店，真是吃了交通不便的亏。

084~090

第十七章　游回教和回教徒的发源地
——临夏

17.

游回教和回教徒的发源地——临夏

我们于五月二十一日晨离夏河，二十三日下午一时即到临夏，因为上次经过时仅留四五小时，这次特地耽搁二天。当即访晤平市官钱局的叶主任又新，和邮政局的丁局长伟成，承他们招待，就在官钱局下榻并到各处视察和与各方面谈话，得知临夏过去和现在的种种情形。因为临夏为回教和回教徒的发源地，一切与其他方面不同，过去发生不少汉回冲突的事变，还有回教内复分旧教、新教和新新教的派别，他们内部也发生不少摩擦。而且临夏复出了七个省主席和不少军、师、旅长，如曾任绥远和安徽主席的马福祥，已故青海主席马麒，现任青海主席马步芳，曾任甘肃和宁夏主席的马鸿宾，现任宁夏主席马鸿逵，前任新疆主席金树仁，骑五军军长马步青和军长鲁大昌等，均为临夏籍的军政要人。还有临夏的驻军，自国民军失败以后，常为青海方面的部队，本月正由马步青军长的一团，与马步芳主席的一团换防，因此一切政治也相当的受了青海的影响。

临夏旧为河州府属，县城作长方形，南山与大夏河枕其南，北原峙其北，东西为通兰州和夏河的大道，南山一名小积石山，土质略带红色，与萋萋的青草相映成趣，在日光反照中远望，犹如一幅青绿山水。大夏河河面极宽，秋水发时，顿成洋洋大观。北原一名万顷原，可知面积的广阔，在北门外与城墙作一平行线，高出平原十余丈，一望无际，与普通高地有别。北门适位于北原之下，因此仅具城门的形式，始终未曾开过城门。东西的二条大路，与城中相贯通，道路平坦，榆柳成荫，较之兰州有过之无不及。城中市廛整齐，屋宇栉比，所有房舍均为瓦顶，亦较甘肃其他各地为富丽。临夏既擅山水清秀，城郭峥嵘的形胜，复出了这么多的军政长官，殊有人杰地灵的感想，但是财富集中于少数人的手中，汉回既不相融洽，回教徒复又因教派的分歧各不相下，人民生活的困苦和地方前途的隐患，均为一般有识者所不寒而栗。

临夏虽然不像夏河那样俨然设有教廷，但是回教徒均住在城外，汉族住在城内，并在县城的南门外。商业最繁盛的地方，别有一小城，名称叫做"古抱罕"，俗称八方，完全为回教徒区域，因为回教徒善于经商，且能居积，所以资本集中于该地的，不但为临夏的重镇，且亦可算甘肃省区内首屈一指的富庶的地区，他们在天津、迪化、松潘、康定、哈萨均有分庄，经营大宗的贸易，消费最小的营业开支，将所获盈余兑换金银及硬币，即在临夏秘密窖藏，永久不再流通于市面。他们与汉族交易时，虽然也收受法币，而暗中抬高物价，变相的折低法币的价值，以备交易完了，即可将法币的伸水，换回金银或硬币。

临夏县张县长铸荆，适因病未到县府，我们没有碰到。临夏县署内设有行政督察专员公署，马专员为良为国府委员，前青海省主席马勋丞将军的旧部，专员直辖临夏、永静、和政和宁定四县。马专员不识汉文，所以只得不兼临夏县长，他任当地警备司令十余年，临夏回民强悍，勇敢好斗，又喜健讼，每遇无关宏旨的争执，涉讼经年，不以为苦，对临夏县政府的赋税，虽以避免为得，但是一遇诉讼，金钱光阴，在所不计，两造各以胜诉为无上光荣，实为他处所无的现象。

回教徒的勤苦和清洁，殊可为汉族效法，他们态度的诚恳和谦和，也值得汉族佩服。他们的团结，似乎很有力量，但是同教之人，各以宗派相标榜，旧教与新教对立，新教与新新教复不相容，因此团体愈弄愈小，虽有团结的精神，哪里还有什么团结的力量可言呢！所以普及国民教育，使人人均识汉文，并灌输国族观念，使每一回民，深切了解自己为中国人的一分子，方可达到对内实行国内各民族平等，和对外取得国家的自主独立的目的。

　　回教徒的祖先，是由白种的阿拉伯人、波斯人和黄种的突厥人混合而成的一种民族，他们分为同化和不同化的二种，居住在甘肃一带的回民，大部已被同化，故有人称之为"汉回"，欧洲人叫他们做"东干"。在唐中宗嗣圣初年，回教徒被突厥所迫，徙居甘肃的张掖、武威一带，后又被黠戛斯所败，回教徒遂散居于甘肃全境。距今五六百年前，回民中的萨拉族，迁移至导河一带，俨然为汉回的领袖，这就是现在发源于临夏的回民的老祖宗。临夏西门外有二个拱北，一个叫做"大拱北"，奉祀他们始迁祖祁世祖，还有一个叫做"台子拱北"，奉祀第二世祖马世祖，十七年拱北被毁，至最近始修复。我们去参观时，尚见当年汉回冲突时焚余的遗迹，所谓"拱北"就是回教始祖的墓园。因回教主张薄葬，所以普通人家，仅将尸身裹以白布，挖地数尺，施行土葬，惟对继承穆罕默德的历世圣祖，则在其埋骨的地上，加造一墓屋和祭堂，墓屋内亦仅修筑一西洋坟墓式的砖堆。

　　回教创于穆罕默德，以知天命遵圣行为教条，他们的天命有五：（一）念，（二）立，（三）斋，（四）科，（五）朝。念就是念他们的经典——可兰经；立就是立志守礼，他们以君臣、父子、兄弟、夫妇、朋友，五伦相互间的礼节为真理；斋就是斋戒，他们每年依阿拉伯历轮流规定一个月，作斋戒之期，在期内每日非在日出以前和

回教大拱北

清真寺

日入以后，不进饮食；科就是施济，凡有钱的人，须以二十分之一作为施济穷人的捐款，其他有财产、牲口、粮食的人，亦须比例提出若干成，作为施济的用途；朝就是朝圣，一名朝天方，回文叫做"朝汗"，凡有钱可以朝他们的圣地麦地那的人，务必结队而去，为无上的荣幸。他们的圣行名目繁多，凡穆罕默德生前所创导的德行，以后即做回教徒身体力行的圣行。如每日礼拜五次，每次礼拜之前，须洗手一次。他们对于清洁一层，为汉、满、蒙、藏各族所不及。每星期五是他们的礼拜日，必须齐集清真寺守安息和做礼拜，他们并叫星期五做"驻马日"。还有男孩在相当年龄，须施行割礼，凡施过割礼的人，即被同教所尊重。女子未及笄的，须戴绿色的风帽，及笄的少女和初嫁的少妇，无要事不得出门，即必须出门，亦必须以面幕遮其面部。中年的妇女戴黑风帽，老年的妇女戴白风帽，冬夏均是如此。男子衣服与汉人无异，惟无论老小，均戴如土耳其人所戴的帽子，其色以黑的为多，也有白的和其他深色的，还有三十以上的男子，均留长髯，这也是和他族男子有别的。

　　女子深居简出，除非劳动妇，即不易为人所见，尤其是青年妇女，虽然有通家之好的友人，也不容易互相介见。回民女子自从与汉族同化以后，即学汉女缠足的风气，现在虽经他们的阿訇即教长等劝导放足，但是中年的妇女，均已被这种陋习所摧残。回教徒生出来以后，即奉教，所以没有一个回教徒的子孙，不是信敬回教的，因此只可娶外族的女子，跟他们同做回教的信徒，他们绝对不允许外族的男子娶他们的女子。所以汉回通婚，无异将汉族的女子，无条件地和他们同化。虽然经他们有识人士的提倡，把他们的女子，嫁给汉族的男子，但积习已深，加以回教徒多数均墨守旧法，故迄未见诸实行。至于他们的本教习惯，名为保护女子，实际加上女子以种种的桎梏，女子的社交，绝对不能自由，即欲与回教中男子相往来，也视为大逆不道，至与异教的男子交往的，是绝无仅有的事。不过比较贫苦的人家，他们的女孩子，与外族通婚，因而随外族信奉他教的，现在也已见不少了。

　　回教现有三派，旧教着重在经典，小儿满四岁，即授以阿拉伯文，俾读他们的可兰经，他们的阿訇，类为研究阿拉伯文的导师，但是略识字母，无甚深造的阿訇，也所在多有，这派以甘肃省府委员，喇世俊氏为领袖。新教着重在圣行，他们虽也读阿拉伯文，但同时注重汉文，并以经典与行为并重，对于政府功令，与回教教条，同样奉行，这派以国府委员马勋丞氏为领袖。新新教着重在文化方面，他们以"财产归公，教育平等"为教条，凡同教的人们，得以教会的力量，共同经营农商等生产事业，盈余归教徒共同享受，教民通力合作，人人可得平等的生活。这派对文化教育的主张，不仅重视回民教育，还提倡国民教育，凡中国人应受的教育，均由教会的力量补助之，使教民皆获最低限度的义务教育。倘愿于小学毕业后，升入中学或大学者，教会也量力资助，以竟其所学。并且对于教内男女婚姻问题，也主张男女双方的同意，反对盲目的婚姻制度，实在可算中国的回教徒对于妇女解放运动的开端。他们虽然只有教徒二三千人，但是他们的潜势力已驾乎新旧教之上，希望他们中能出一个凯末尔将军，首先把回族女子的面幕揭去。

临夏现有中学二所，一为临夏中学，一为云亭中学，前者为省政府所办，汉回同学，后者为马福祥将军所办，兼收汉人子弟。此外回教促进会所办完全小学一所，高级小学四所，初级小学十余所，女子小学一所，比较人口汉回相等，而受教育的儿童，回民仅及汉族十分之一，因此回教徒中颇多身为高官巨商，而目不识丁的人物，可见新教育对于他们的教会，实为最大的压力。我在参观西宁回教中学时，面询他们的教务长，学生受了教育之后，对于回教教条是否能够照旧的奉行，经他考虑许久之后，答复我的问句时：也认为他们的子弟受了新教育的洗礼，一方面接受了科学智识，一方面仍能不违反他们的固有的宗教信仰，但是不能否认对于不合科学的教条，已不能如乃祖乃父的力行不疲了。这就是我们国家办理边疆教育的主要目的和挽救回教徒牢不可破的门户之见的一线希望。

091~099

第十八章　访夏河的教廷——拉卜楞

18.

访夏河的教廷——拉卜楞

我们于五月十八日一早到达夏河，即承贸易委员会的朱少芸君，陪往拉卜楞保安司令部访晤黄司令正清。当承参谋长邵成颐，副官长黄立中二君招待，移时黄司令出而接见，寒暄之后，即荷约定于明日十九日，由邵参谋长陪同参观拉卜楞各寺。后日二十日，由黄副官长陪往离拉卜楞三十里的草地，视察藏民的牧场和他们的帐篷，并谈到拉卜楞藏民使用硬币问题。黄司令以为从前西北银行，曾发行一面汉文，一面加印蒙藏文的钞票，实为推行法币于蒙藏区域的要举。还有蒙藏二族于草地上仍过游牧生活，若一律行使法币，携带保存均感不便，倘能多发新辅币，俾一元以下之交易，得以镍币和新铜币为交换的媒介，则携带保存均较便利。我们在谈话中，颇觉黄司令具备现代常识，确为藏族的代表人物。

拉卜楞在二百数十年前，本属蒙古河南亲王的采邑，经那时的河南亲王布施给活佛嘉木样一世，改建佛寺，并将该地的行政权一并让渡与寺院，此后遂变做中国西北的"梵蒂冈"——教廷。十三年六月，因寺僧击人的小故，酿成回藏的激战。那时驻军为青海的部队，以优势的军队击败毫无训练的藏军，黄司令只得保护嘉木样五世逃至兰州。直至十六年汉回冲突以后，青海军队被西北军逐出甘肃，呈准中央将拉卜楞由青海循化县划出，设置设治局，一面派保安队驻防，黄司令与嘉木样方得返驾。十七年正式成立夏河县政府，惟拉卜楞的钱粮，向来不缴政府。县府仅恃省府所指定的屠宰税，以资挹注，每月总数不过七百元。且

拉卜楞全景

拉卜楞自嘉木样回来以后，仍行其政教不分的统治权，俨然夏河的教廷，不仅如罗马教廷与意大利政府分庭抗礼而已，而且其权力直驾县府而上之。县府的行政区域，不过拉卜楞的大夏街、里街、上道哇和下道哇的几处市街和住宅区而已。

拉卜楞藏文本为"大内"的意义，是指活佛的教廷而言，寺名藏文为"扎喜溪"，直辖全部一百〇八寺，他们的寺院分散于各处，计在夏河的有五十九寺，在青海的十一寺，在临潭的一寺，在松潘的十一寺，在西康的十寺，在西藏的四寺，在蒙古的七寺，在临夏的三寺，在北平和五台山的各一寺。在一百〇八寺的上面，还有五大扎仓和十八昂欠，前者是管理行政的机关，以活佛嘉木样为首脑，后者为嘉木样属下各小活佛的公署。最近全部喇嘛僧闻共计三千〇十八名，而活佛已增至三百名，足见教廷的名气，也可以轻易假人的。嘉木样

拉卜楞金瓦寺

寺僧诵经

五世，现年二十四岁，于六岁时接活佛位，二十六年抗战前赴西藏哲本寺精研经典。在离拉卜楞以后，一切由襄佐摄理，闻最近拉卜楞将组织一极大团体，结队往迎活佛，由保安司令部黄团长祥率领藏民五千人前往。十九日适值试演迎佛行列起程式，黄团长暨其夫人女公子，均服藏民礼服，随从员兵蜂拥

骑马，由寺院返宅，藏民纷至宅前献哈达，及迎佛资斧，银币相击，铿锵之声，闻于户外，可见迷信活佛的一般。

拉卜楞寺院分成三排建筑坐北向南，最雄壮的殿宇为第三排，崇楼峻阁，鳞比栉次，计有金瓦寺五所，屋顶铜瓦流金，金碧辉煌，耀人眼帘，金瓦寺所供为（一）释迦，（二）文殊，（三）德格，（四）观音，（五）法台。他们的大经堂规模和建筑，均不如塔尔寺，但是堂前空地宽旷，石级很高，远望亦颇壮丽。嘉木样活佛举

行大典的礼堂和参禅起居的房屋，颇似北平故宫和颐和园帝后的居室，可见活佛享受的奢侈了。襄佐的会客室，装饰与皇宫内室无异，地毯、缎垫、雕刻的器具，亦均与从前皇室所用的没有两样，他们把历代的嘉木样铸造成金像，满坑满谷，不知其数，还有印刷"嗡嘛呢叭咪吽"的经句，均以多多益善，为无上功德。他们供释迦牟尼的经堂，除一大像供奉在中间外，还有无从数计的小像，供在四壁雕刻的架子上，架子复分成一尺高、五寸阔的格子，每格置佛像一尊，其他文殊、观音等殿，亦复如此，真可谓名符其实的多神教。东面有白色经塔二座，藏民每日晨夕二次，在塔之四周绕行数次，名曰转塔，还有在地上一步一叩地磕他们的等身头。

拉卜楞寺院的建筑，除五所金瓦寺和一二所琉璃瓦屋顶的寺院外，其余的寺院均照西藏式建筑，外观与洋房无异。屋檐装饰常为灵羊两只，中间法轮一枚，颇似欧洲皇室的徽章，壁上复用藏文制成图案，亦极似西洋的墙饰，屋顶亦置铜饰，极尽富丽堂皇之致。昂欠的建筑，均为此种格式，我们曾去参观十八昂欠中的一个，汉名"寿安寺"，它的匾额上刻了汉、满、蒙、藏四种文字，所供的铜佛，高三四丈，闻由北平迎至拉卜楞。当时还没有现代的交通工具，仅靠牲口和人力，竟能把如此伟大笨重的佛像，由数千里外搬到此地，迷信的力量，有时也是可以叫人起敬的。中排多为佛爷和喇嘛僧的住所，极东的一所寺院，汉名"冤房"，据说有冤屈的都可以去申诉，犹如南方城隍庙内的速报司，是专替人间申冤的。冤房四廊悬虎、豹、牛、羊等标本，不知用意所在。庭中大烧柏枝，亦犹汉族的锡箔，两个青年喇嘛僧大吹号筒，声音骇人，里面是不叫人进去的，不知所供何神。第一排与第二排之间，有一市集，名叫戎勒，专售藏民必需物品，第一排寺院墙外均有经句转轮，名叫姑勒，藏民晨夕以手旋转之，叫做转姑勒。

拉卜楞寺院的组织，最高的首脑为活佛嘉木样，其下为襄佐，犹君主国的国务总理，活佛下面有管理内务的僧官三人：（一）屈本，专管经典。（二）仁本，专管起居。（三）苏本，专管饮食。还有主管研究经典的五院，（一）密宗，（二）显宗，（三）医学，（四）数学，（五）音学，包括音乐、美术和雕刻。襄佐下面设更操二人，犹旧时的钦差，对外可以代表活佛，并为办理诉讼和军事的大员，下设仲业清波一人，再下设仲业四人，均秉承更操之命，分掌一部分的事务，下设业哇多人，专理民事，其实实权均操之襄佐。活佛的来源，系由上一世活佛临终时，预说投往何处，过一些时，就由高级喇嘛僧，依照所示方向，物色世家子弟。携来寺院，令将活佛遗器，任其检取，能于赝品中抉择真品的，即为转世的活佛。襄佐则可由活佛指定，或由喇嘛僧公举。嘉木样五世汉姓黄，为西康理化人，其父黄位中，本任土官，后在拉卜楞为藏民总办，生子六人，长子正清，即现任拉卜楞保安司令，次子清绕顿朱，即拉卜楞寺的襄佐，三子黄正基，曾任军事委员会参议，已于五月十九日逝世，四子罗尚教养，即现任活佛嘉木样五世，五子阿莽苍，亦为活佛，六子早逝，可知黄位中是个极有心计的人物，他使他的两子都做了活佛，一子被指为襄佐，教权在握，当然其长子得任司令，三子得为参议了，这与民主国公开运动选举得执国政的，初无二致。

拉卜楞除西藏外，为研究佛学的最高学府。他们在第二排的中间辟一花园，古木参天，林中设一讲坛，专为法台说经的地方。那天正是辩论经典的日子，喇嘛僧均席地而坐，一部分在听讲，一部分在分组辩论，颇似塔尔寺大讲堂前面广场的样子。惟此地有林木之胜，其形势颇似印度泰戈尔的森林大学，他们中间颇有年龄幼小不耐静听的僧徒和衣服褴褛、举止不检的僧众，此点则不如塔尔寺的整齐专一者远甚。想拉卜楞的喇嘛僧程度相差太远，有的不堪造就，有的登峰造极，故有这种现象吧。他们也有宗喀巴的新教，虽然可吃牛羊肉，然而不准接近女色。

从土门关起至川边止，凡属于拉卜楞寺院的土地，均发给当地人民领垦，但是向寺院里纳租的佃农，不但每年需照缴租米每亩青稞二斗，此外遇寺院修桥铺路或建造房屋的时候，还须每亩派人服役，不问转让或分租，仍须按亩分派，汉回农佃，亦不能例外，假慈悲的美名，行剥削的事实，到处都不能避免。拉卜楞的藏民只用硬币，不喜纸币，汉回商人欲往那里收买羊毛、兽皮和药材的，必须先行兑换硬币应用，因此法币只得折价行使，在国内对法币不被欢迎，实已视同化外。

桑禾河为拉卜楞挨近的草地，为藏民游牧之所，我们来回骑了五小时的马。初在大夏河北岸，见有帐篷四五座，男子均已出去，所余老妇少女，见我们五六匹马，即将他们的藏犬看好，不让它们跑近，因为藏犬性猛，恐马受惊狂奔。我们参观了他们的帐篷，并替他们摄了影，再向前面驰驱，看见不少羊群、马群、牛群和夏河县的飞机场，然后折至南岸，复见帐篷四座，适他们男子均未出去，遂下马在他们的帐篷前休息，他们给我们煮茶，并借他们的兽皮给我们垫在地上，我替他们男女老幼合摄一影。帐篷是用牛毛织的，中间为灶，四面篷边实以牛皮粮袋，男女分左右而睡，即夫妇亦不能逾越。

藏民冬夏均穿羊皮袍，男子除喇嘛僧剃发外，余均垂发辫，头上

桑禾河游牧帐篷

桑禾河藏民

或戴帽，或缠头，衣或长或短，服式不一而足。女子小时梳辫二条，分垂两肩，及笄以后，即梳无数小辫，分左右向背部下垂，与发顶所梳一大辫相系，至背后分为二截，上截用玛瑙、珊瑚、银盾为装饰，将大发辫藏于饰物之带内，下截则分缚小发辫于一长方形的布块，布上满缝银币、铜饼或银盾之类。头上冬戴狐皮帽，夏戴羊皮帽，足穿皮靴而不着袜，男女均能骑马，在草地帐篷所见的藏女，真有李涣诗句"海错满头番女饰，兽皮作屋野人家"的景象，皮子朝里穿的有些像哥萨克的舞女，皮子朝外穿时，则活像爱斯基摩的女子。我们从草地回来时，马上遇到一群藏民男女，骑马疾驰而过，其中有一少女，及笄年华，眉目清秀，皮帽皮衣，足蹬红皮小蛮靴，跑近我们时，嫣然一笑，以相招呼，她的风韵和骑马的姿势，只有欧西女子可以比拟，汉族女子，实在是相形见绌了。

藏民男子不是当喇嘛僧，就是终日骑马荷枪出外打猎和结群游荡，只有女子主持家政、种田、牧畜和其他各种工作，故养成重女轻男的习惯。女子有选择丈夫之自由，婚前毫无贞操的观念。拉卜楞附近的居民，已离逐水草而居的游牧生活，他们的男女关系，仍比汉回二族为自由。藏民不讲清洁卫生，无论喇嘛僧和普通男女，衣服自穿上以后，即不洗濯，身体亦不轻易沐浴，一方面固然是不良的习俗，一方面也因取水的不易。所以住在拉卜楞的藏民，与汉回杂居以后，也已习惯洗衣和沐浴了。

藏民儿童皆不读书，即识藏文的，亦仅为喇嘛僧。拉卜楞虽设有藏民学校，和初级职业学校各一所，前者学生八十人，藏族仅居小半数，后者学生五十人，藏族仅有三人，可知入学者的缺乏。黄司令曾设藏民文化促进会，并于屠宰税附征藏民教育经费。但即令仅学藏文，亦无学生可招，因藏族男子非做喇嘛僧，即游手好闲，甘做妇女的附属品，均视入校读书为畏途。教育问题与宗教问题，已打成一片，倘欲普及国民教育，则非自限制喇嘛僧的人数入手不可。

我们住了三天，于五月二十一日晨离开夏河。由临夏进发，二十日晚上即下雪，次晨起床，即见雪白无际，屋顶山巅均已盈寸，李涣诗"四时不改三冬服，五月常飞六出花"，不啻是为拉卜楞咏的，虽承朱君殷勤相留，我们为了赶路，只得冒雪而行了。

100~108

第十九章　兰肃道中

19.

兰肃道中

　　我于五月二十六日从临夏、夏河回到兰州以后，本想就到河西各地一游，但以人事关系，总没有起程的确期。最近承兰州邮政管理局李局长杰夫，替我介绍甘凉肃三个邮政局长，复蒙老友甘肃省银行姜经理启周，替我介绍各地分行办事处妥为招待。上次在西宁时，已荷谢委员慈舟给我一封介绍信，嘱我到凉州时，可以去见马军长步青。我决定六月二十六日搭西北公路局的汽车出发，前二天特去见公路局的纽副局长泽金，托他通知兰州站长，给我留一个车位，并承许可坐在司机的邻座，因为西北公路的汽车，是买的苏联的运货车，上面没有遮盖的篷帐，灰土最大，又没有座位的设备，所以能坐在前座，无异搭从前平沪通车时的万国卧车了。老友陈柏年先生替我介绍一位兰州商人刘子丹君与我同行，路上得到他的帮忙不小。

　　二十六日清晨五时，兰州招待所的招待员张君，即到寓所替我代送行李到车站。我随即起身，梳洗毕，略进早点就雇车驰往车站奔，旁的搭客都已到齐，八时开车适甘州站长王君同搭该车前往接事，故前座连司机共坐三人。该车前座宽广，三人共坐，尚不觉拥挤。此次由兰州直驶肃州，第一天先到永登，与四月二十八日去青海时一样，但此次走的是兰肃段的新路，从车站驶过黄河铁桥，到了北岸以后就一直沿着黄河前进，行四十公里，至河口始折而西驶。黄河的水比前次经过时涨得多了，见有一大木船从上游下驶，黄河河面极宽，可惜中间长了不少大小的沙洲，以致水流不畅，而且河水挟沙土同流，遇阻即改道，到沙碛堆积的地方，又成了一个新的沙洲了。数十年来对于黄河的灾害，真是不知牺牲了多少生命和财产，但是到现在还没有对于治黄河的整个计划，我们的唯一水利专家李仪祉先生，不得不赍志以殁了。黄河沿岸满植枣树，适值枣花盛开，馨香扑鼻，枣花形如桂花，花叶均茂，间植杏树，红杏悬在树枝上，远望非常悦目。走完了枣树和杏树，车在黄河旁峭壁上行驶，这里有些像洛阳龙门的境界。从河口朝西，即沿庄浪河而走，河口附近的远山，现着五彩的线条，颇似古人的青绿山水。从兰州到河口的公路，正在加铺路面，路基颇固，与旧路相较，是好得多了，过了河口，道路平坦，两旁农田长了大麦和菜花，风吹麦穗，成了麦浪，菜花又发出一种清芬之气，扑面而来，久居城市的我，深羡农人生活的接近大自然了。从红城镇至永登，此段公路系骑五军马军长步青督修，路面宽广坚实，两旁密植柳林，上次经过时看见军队正在插苗，此次已见新叶抽出。俗语说："前人种树，后人乘凉"，我以为人生世上，在未死以前，应该人人有些贡献，否则不是白吃了一辈子饭米，对国家社会不是只有享受，没有报答吗？马军长督修甘新公路，不但为抗战中最重要的国际路线而努力，即在开发西北的交通建设上，也有他的重要意义。他年绿柳成荫，复可与清代的左公柳先后媲美。下午二时即抵永登，因邮政局的代理局长张庭楹君为我的熟人，承他于未去时邀约，住在他的局内，到站后蒙站长雇人将行李挑送邮局，我随即到邮局休息。三时张君复邀往河北饭庄用膳，饭后在局中休息一回，晚上八时进膳，九时即入睡。本日计行一百〇五公里。

二十七日五时半起身，六时半赴车站，七时开车。永登邮政局原住孙局长香亭，调任山丹局长，本日同车出发。自永登至岔口驿，仍沿庄浪向前进，经镇驿，始折向北，远眺祁连山脉。山峦起伏，山色深浅有致，酷似图画，公路从永登起一直往上走，十一时余到乌沙岭，密云蔽天，细雨纷飞，气候严寒，我幸经张君的预告，穿了一袭厚呢的中山装，总算尚可对付。乌沙岭巅有一所韩湘子庙，闻迷信者云庙中的签诗最灵，因车停不久，我也没有上去。过岭后车即一泻千里，至十一时三刻已达龙沟堡。下车在一家北平小饭馆与刘君同膳，炒菜尚合口味，价亦不贵，与前次去临夏、夏河时中途仅有回教小店，每餐只备面条者，已不可同日而语。下午一时十五分复向前进发，从乌沙岭下去到龙沟堡的一路，所见山上均长了青松绿草，风景依稀如江南。闻同车的赖君说，此间土色深黑所以宜于植树。过了岭，公路即沿古浪河而筑，桥梁正在修建，见修桥部队均在河旁扎营而住，虽在高寒地带，仍挥汗工作，可知兴建工事的辛劳。过了龙沟堡，所见的山，又为兰州型的土山顿成一片黄土的荒凉景象了。将近凉州时，经过很多的河床，公路即从河身通过，河无滴水，想山洪暴发时，行车必甚困难，但造桥亦至不易，只得随之起伏，以成颠沛不堪的路线。四时抵凉州，车从东门进驶，在河西大旅社停车，有驻军检查行李，我给以一纸名片，居然得了免查的许可，遂与刘君同上旅社的楼房休息。同车的孙局长约我同访凉州邮政局的永局长，略谈移时，并邀我和刘君同到燕月楼晚餐，该楼的菜也做得不坏。饭后我到清凉池洗澡，据侍者说，该池前有一洋瓷浴盆，现为马军长取去，只有汤池可洗，我已二十余年不洗汤池，今天偶然一试，觉得别有风味，但人多时，池水不清，我只得在水中稍稍一泡，当即转身到外室用干毛巾一擦了事。旅馆中每房仅备木床一架，我幸携有旅行床，刘君睡在木床，我睡在旅行床，尚无臭虫和蚤虫扰人清梦，上床后即沉沉睡去，醒来已是次晨八时了。本日计行一百七十五公里。

　　二十八日因为车仅能到达永昌，所以开得特别迟，我和刘君起身后，即重到燕月楼早餐，妆后复到街上买了两双袜，预备在路上替换。十时回旅馆，收集行李，送上汽车，车至十一时半始开。车出西门，即见满地沙石，土地均不能耕耘，任其荒芜。十二时三刻过丰乐镇，下车在回教小店啜茗，同车有甘肃省师管区的李司令，适与我同桌而坐，承告河西各县经历次天灾人祸。民生憔悴，土地荒芜。下午一时一刻车复前进，见公路两旁农村寥落，土地只生野草，即行人亦不多见，同车者谓此去愈走愈穷，仅遇过城市时稍为繁荣。河西本为我们的祖先驱逐匈奴，努力开拓的地区，而今竟至衰落到如此地步，我们做子孙的，应该如何奋发恢复过去的盛况，才为对得起先民筚路蓝缕，惨淡经营的一番苦心。三时抵永昌，见离城数里之遥，即有老百姓穿了长衫马褂跪在地上，事后闻同车公路局人员，谓系向李司令告状的，因河西官吏压迫民众，人民欲诉无门，今遇李司令视察兵役工作到此，故特来拦舆告状，可证李司令所说的不谬了。入城下车时正在找旅馆的时候，突有一中年男子前来代取行李，问其何处有旅馆，当即蒙招待至其家中，见房屋分前后二进，建筑颇为讲究，二月间邻右遭受轰炸，彼家前进右厢房亦被波及，我与刘君住前进右厢房，孙局长夫妇往后进左厢房。我见房屋平顶所糊之纸均碎，炕上木框偶一簇

永昌鼓楼

动，屋顶灰烬即纷纷下坠，只得将裹铺盖的毡毯在炕顶悬挂起来，以免晚上刮风灰土打在床上。屋主董吉堂本为当地商董，建屋时为民国六年，计费国币八千元，可见家资的富裕，中年男子即为其长子，彼有二弟一妹，均已婚嫁，二弟与妹倩均在外谋生，其妹年仅十九，因兰州轰炸后归宁，见已为天足，可见他们家中的开通。二月间当地被轰炸，适在吉堂病中，受惊后竟一病不起，家中除房屋外，虽有田地，但因派捐派款，收获不敷缴款，宁给他人无代价的佃种。吉堂身故后，家中经济即发生恐慌，故不得不临时招待过客，以资生活。我们住的厢房，分内外二间，我们住在里间，他们夫妇及幼孩睡在外间，尚有稍大的二孩，即困在房外的屋檐下面。古人谓苛政猛于虎，不图于河西亲见之。次晨我给他们一元钱，他们接了钱表示谢意，因西北普通小店，房价每日仅为二三角，今得了三倍以上的报酬，所以特别满足。即将我们的行李，无酬地代送车站。本日计行八十公里。

　　二十九日本定清晨四时出发，我们三时即行起身，不到四时即至车站，不料站门迟迟未开，司机尚高卧站房，至六时方起来试车，六时半才驶出车站。从永昌出城后，先循旧路而行，因为新路刚才修好，一切桥梁和涵洞均未做齐，行车非常不便。到近石硖的地方，新路即在旧路上铺设，新路既未修好，旧路已经掘挖，不得不改在大车道上而驶，甘新公路经过的地方，常有三路并行的，一条为新路，一条为旧路，还有一条则为大车道，而此段则因筑直路线的缘故，往往将旧路改筑新路，有的时候即在大车道筑过去，以致行车异常困难。我们的汽车因迷路，费了一个钟头，方才找到前进的出路。十一时入山丹县境，两旁远山对峙，左仍为祁连山右则为焉支山。沿途所见农田，比昨天还要荒凉，惟长城则除小部分坍坏的以外，大部分已相连接不如昨天所见的仅余烽火台的遗迹了，我们在不到山丹时出了长城，待将到山丹时又入了长城，下午复出长城，待到甘州时又入长城。下午一时三刻抵山丹县，汽车入城。停在德云大旅社门前，我们下车后即入旅社休息并进午膳。三时半开车从山丹起，公路均筑好，且全路路面均铺碎石，车行甚速，不料汽车发生障碍，司机下车修理几及一小时。自离山丹后一路均为荒地，地上满是沙碛，同时地面上还显有碱质，所以无法耕耘。六时车过太平堡，方才看见农村和农田，同车山西商人于子珍君，旅新疆十六年，近由兰州办货重返新疆，据告甘肃西北部经地震及沙漠南移，再加拨款、派捐等重负，农民无法应付，听说自前年起纷纷向新疆逃亡，所以甘肃连年人口已无形的减少，各地鸦片近已禁种，惟吸食者仍多。七时车抵甘州，车站设在东门外，规模甚大，下车后投宿附近的祥记旅馆，与兰商刘君及新商于君同住一室。本日计行一百五十公里。

三十日晨起，天下微雨，我们仍于六时起身，略进早点，即入城游览一周。七时至车站，尚不见一人，乃将行李安放后，再返旅馆相候。九时半司机始到站，并装了许多车胎在车上，遂开车。十一时车过沙河镇，下车在回教小店略进小食，该店仅有鸡蛋五枚，我吃了四枚，同车有带锅盔的，给我半个，聊以充饥。在该处啜茗时，忽见一伙计急促招呼掌柜的，若有大事发生的样子，我们后来问掌柜，知为门前一树，被牛车撞倒。我们颇敬其爱护公物，但据掌柜告诉我们，此地公路两旁的树木，系军长叫他们看好的，倘有每天不灌水和树干被人损折的事情发生；均惟他们是问。所以遇有碰撞，当即扣留事主，以资交代。同时一有病的青年，要想搭车返乡，来和司机相商，司机要他十元钱，其实就是补票也不到此数，后经掌柜和司机的再四恳情，总算以六元了事。公路局司机公然私收票价，中途搭客，我看见中途上车的已不止一人了，而且每天开车时间不准确，只能到站静候，待开车时往往因装油和机件损坏，又须耽搁时间，真是可叹。闻苏联车队往来中苏，车一停先把机件看过，有坏即行修整，然后再去休息，我国司机往往晚上宿娼打牌，一夜没有好睡，第二日迟起，匆匆开车，因精神不足以致中途抛锚出事，关系实大，此点深望公路局当局多加注意。还有沿途站长也不负责任，马虎了事，如携有行李票的旅客，将行李取去，不收回行李票之类，又喜占司机的便宜，致不能管理司机。车将开时又见一兵士被军官所责，竟拳足交加，鼻孔流血，军官视兵士如家奴，任意可用体刑，实为佣兵制的不良处。十二时车过临泽县，出了临泽县至高台县的中间，即见流沙蔽地，不能耕种，下午一时车过高台县，该处有苏联车队招待所。高台以西，完全为沙漠，车行四十公里，不见一树一木，车行沙梁上起伏不平，幸路基极固，速度反有增加。三时车过元山子，山坡渐高，过了坡渐有农村，至坡平时又为沙漠。五时过马营镇，土地稍肥，人烟较密。六时过清水堡，堡外有一人家，有二妇烹茶饷客，我见他们仅有一炕，炕上空无一物。询其晚上没有被服，如何睡觉，据答这里在夏季也多用牛粪烧炕，故仅将衣服盖上即可过夜，可见这里人民的贫困了。自清水堡到营儿堡计三十五公里，所经全为戈壁，沙石如拳，车行其上，较沙漠为速。八时抵营儿堡，过堡后，见祁连山黑云密布，山色与远山烟雨图相仿，西北方的马鬃山，正值日落，落日的光芒从山后放射出来，红光焕发，极为可观，我们已在天涯地角向西而行，故在八时后尚可见到落日。八时半天已黑，车前灯光弱，未能及远，经过一河，桥梁尚未修好，从河上跨过去，竟不能渡登彼岸，幸有驻军帮忙得以渡过。十时方抵肃州车站，我和刘君的行李承车站的侍役代送至省银行。本日计行二百十五公里，为五日来走了最多的一天。

此行费时五日，共走了七百二十五公里的路程。甘新公路从大体上说，建筑尚过得去，再有二个月的工夫，就可全路修整。还有全路完工以后，所应设置修路站，常驻路工，以便及时修理，俾免"小洞不补补大洞"的毛病。至于西北公路局的宿站未设招待所，以及站长和司机未加训练，也应从速改良。河西各地除沿途荒凉的农村以外，凡是城市的所在，都有饭馆和旅店，这点比由兰州到临夏、夏河两地强得多了，但是新路所经各地多无民居，偶然停车，即不易得到饮水，此点在将来设置修路站时，可由公路局设法，令驻守公路的工人兼司供给饮水的责任，同时可向旅客收取茶资，我想也不难解决的。甘新公路既负有国际路线的使命，我们全国上下应如何一致加以维护呢？

109~115

第二十章　河西巡礼

20.

河西巡礼

　　河西是指甘肃省西北黄河以西的地区，为由甘肃通新疆的大道，自抗战以后尤为西北唯一的国际路线。这一带的地方，是汉代以后才开拓的，汉武帝击退了匈奴，就设置了武威、张掖、酒泉和敦煌四郡。但是甘肃人通俗称嘉峪关外的地区叫做"关外"，所以最近的河西变做甘（张掖）凉（武威）肃（酒泉）三州的专名了。我久想到这一带来看看，适有兰商刘君有事到肃州，遂约同一起上路。自六月二十日一早离开兰州，至三十日晚上到达肃州，足足走了五天，经过的地方均有相当时间的耽搁，中途所得的见闻，已在"兰肃道中"详述，现在且把河西各地的现状，分别写出来向读者报告。

　　第一天到达永登，这是河西第一个县城。县境虽然与皋兰（兰州）毗连，但是驻军已为驻扎在凉州一带的骑五军的部队了。军长马步青为青海马主席的老兄，该军现在已由中央点验，归中央发饷，骑五军所属部队从永登起，一直驻扎到山丹。县城当河西冲道，以前商业本极繁盛，民国十六年汉回冲突，城中房屋均被回民焚掠，顿成衰颓的现象，至今尚未恢复，加以大宗贸易如粮食、药材、砂金之类，均被统制，故商业更一蹶不振。农村因捐款繁重，入不敷出，农民多弃土而逃，农田逐年减少，自禁种鸦片以后，从前可以种烟的田亩，现在也任其荒芜，未流亡的农民负担如旧，恐亦非继续逃亡不可。教育未普及，人民智识低落，十岁以下的女孩子，宁裸其下体，而脚则不得不缠，风气闭塞，可以想见。

　　第二天到达凉州（武威），这里是河西最繁盛的地方。马军长的

司令部和他兼任的
甘新公路督办公署
都设在此处，而他
自己则住在离城十
里外的新城。凉州
城区很大，城墙除
西门一带外都是土
墙，大概经过地震
震坍了的关系，但
是城中道路宽广，
直可与北平的二等
街市媲美，道旁遍
植柳榆，也比兰州
胜过百倍。城内有
电灯、电话和人力
车，比西宁的设备
还要周到，有河西

张掖车站

武威旅馆及澡堂

大旅社与河西清凉池，专为旅客下榻洗尘而设，闻均为马军长创设。
马军长还办了一个河西医院和一所青云中学。中学的学生都由各地青
云小学升学而来，还有一张《河西日报》，大小虽仅通常日报八分之
一，然纸张印刷都比兰州的日报讲究。商业在表面上虽似发达，不过

内容衰落不堪，因为占贸易大宗的烟土，只有存货，没有来源，已成强弩之末。其他药材、矿产和砂金，皆被统制。农民虽靠有祁连山雪水的灌溉，土地稍腴，生产还好，但是粮价不能随之增长，自然入不敷出了。市场上稍有积蓄的商家，惜因兴办建设事业，勒借巨款，故稍有资本的商号，亦已退避三舍了。在消费方面，在河西大旅社的后部，即设有娼寮，娼妓有来自东南方面的，当地被卖的女子也很多，此外私娼也不下于公娼，还有戏园三所和沿途出售烟土的小店，所以一方面生产落后，一方面消费增加，一般老百姓除了过他们的颓废和堕落的生活以外，别无办法了。至于当地舆论亦不自由，可以各处茶楼酒馆的揭帖为证，凡公共游憩的地方都贴了："免谈国事，莫论军情"的纸条，以往经过河西的人们，往往因出言不慎，以致失踪的已数见不鲜，古人所谓"防民之口，甚于防川"和"偶语弃市"的情景，不图今日的河西尚可目击，深感历史确有循环性了。

第三天到达永昌，县城雉堞完整，为沿公路比较可观的地方，城中钟鼓楼建筑壮丽，比兰州的伟大得多，四面均有匾额。一块上题"玉关通路"，还有一块上题"怀柔西域"，可知以前的永昌是当通玉门关和经营西域的要冲了。城内街道宽阔，即在东南也不失为二三等县城，民居庭院修洁，有古色古香之雅。北门外有武当山，山麓建海潮、金川二寺，双塔对峙，风景颇佳。城外民居经二十五年的军事，多被毁坏，农村因水利不兴，地价低落，有的地主因怕派款的关系，宁送给佃农白种，但佃农虽免租承种，也不胜担负，纷纷退租，于是有地者不得不逃之夭夭了。河西一带人口卖买的风气最炽，所以永昌一个小小的县城，就有土娼三四所之多。永昌的出产有煤、胡麻、羊毛、羔皮等，煤只够供本地的消费，皮毛药材已被统制，所以那里的农商业均无从说起了。

第四天到达甘州（张掖），甘州本来是河西最富饶的地方，所以俗有"金张掖"之称，但近年来因农村的破产，甘州的情形已大不如前了。在表面上看，凉州反而比甘州来得繁盛，因凉州离省城较近，骑五军的司令部设在那里，无形中成了河西的首要之区，而甘州则农商衰落，仅变了一个甘肃西部通新疆的过道了。甘州的城墙是外砖内土的，城楼很雄壮，城中的钟鼓楼

酒泉土塔

也建筑得富丽堂皇，城内民居的门庭，均装修得古雅秀洁，表示过去金张掖的特色。从前的甘州，不但因有祁连山雪水的灌溉，土地肥沃，可种稻麦，而且商业上也是与蒙古和藏番互市的地带，所以农商业均充分发展，形成了河西的重镇。到了最近，先由农村经济的枯竭，影响到商业的窳败，加以政治重心移到了凉州，于是甘州就此一蹶不振。甘州的驻军为青海马主席所兼的八十二军，第一一六师副师长韩起功的部队了，所以大宗

酒泉鼓楼

酒泉城垣

酒泉古迹新筑外门

酒泉古迹

贸易，均归青海方面所统制。故甘州的粮食也受操纵，我们在将到甘州和离开甘州，在公路两旁所见的农村，固然显现着不下于江南的水田和麦地，但是从每一个农民和他们的妇女、儿童去观察，可以说没有一个不衣不蔽体的。十三四岁的男女儿童，均没有裤子的，就是成年的妇女，也是仅仅穿了一条勉强可以遮蔽下体的裤子，而上体的衣裳，则往往仍不足以蔽护她们的胸腰，贫穷的程度亦可想见了。

第五天到达肃州（酒泉），肃州原来是河西三大郡之一，大概从前是拿钱粮的多寡来分高下的，所以甘州（张掖）居首，凉州（武威）次之，肃州（酒泉）又次之。但是最近因为农村衰落，商业不振，后因新疆交通时生阻碍，捐税增重，于是商旅裹足，贸易一落千丈，城内较大的商号均已偃旗息鼓，仅余小本经纪，所以市面顿形冷落。肃州的城郭也非常峥嵘，城中钟鼓楼也建筑得崇楼叠阁，十分雄伟，上悬一匾，题为"声震华夷"，四门各有一额，东为"东通华岳"，南为"南望祁连"，西为"西达伊吾"，北为"北瞻沙漠"，可见肃州在过去的地位重要了。酒泉古迹在东门外，那里仅余蔓草圮垣，虽经现任的凌县长加以修理，但游人仍无休憩之所，且泉水也没有尝试的机会，回忆杭州的虎跑，无锡的惠泉，设有茶座的，相去不可以道里计了。北郊外有北大桥，建筑坚实，可为肃州唯一的新建设，川渠交错，沃壤千顷，以得有祁连山雪水的灌溉，故农产物足以供给当地的消费，但拨款派捐，也与甘凉二州无异，致农民亦只有逃亡的一途。本地驻军为青海第一百师之二百九十八旅旅长马步康的部队，马旅长与当地感情尚好，治军亦严，肃州亦在青海的统治圈内，皮毛药材等大宗贸易，亦由青海省政府垄断。该地如遇筑路造桥修飞机场等工事时，亦征集民夫，若无暇应征者，可纳款以代。肃州的女子大部都已天足，据说为肃州前任魏县长允一励行放足运动，颇收效果，到现在中年以下的女子，已一律天足了，足见有决心切实去推行一种新政，虽然在风气闭塞的边区，也可以收到相当的效果。所以我希望中央和省府，以后应先训练一班有志开发西北边疆的青年，派他们到河西来办事，必须先扫除一种牢不可破的因袭思想，即只希望到荒凉的边疆来刮脂膏，以为他日衣锦还乡，享一辈子清福的贪污消极的思想，那么河西的人民，方有出水火而登衽席的一天了。

116~122

第二十一章　兴隆山之游

21.

兴隆山之游

我从七月二十五日由河西回到兰州，就承中国银行的郑相臣经理约我到兴隆山去游览。至二十九日，由中央银行同事发起，次早搭中央银行大汽车前往。适侄婿朱民威君由西固来访，彼亦拟同去一游，我遂决加入他们的团体了。三十日晨五时，民威来寓邀约，我知游侣尚未齐集，叫他先往晤中央信托局的程鸿耀君。六时他们二人又来相邀，遂同往中央银行，见车已停在行门前，而人却未齐。至七时半始开车，先往公路局取路签，就循兰西公路向兰州的西南而驰。至东岗镇由驻军及公路局查验路签及搭客。因系中央银行同人，故未详查，即荷放行。至东大堤，车折而南，入榆中县支路，即经榆中县城而达兴隆山麓兰西公路路面已修整，平坦易行，无灰土蔽目之苦。榆中支路尚未铺路面，且越过几处泉流，车行稍觉颠簸。由兰州至兴隆山为六十公里，车行仅二小时，于九时半到达。

到了山麓，见山分东西二脉，中间一条泉水，水流湍激，上架一桥，形如兰州的握桥，名云龙桥，联络东西两山，满山遍植森林，中以松树为最多，实为甘肃省内唯一的名山。我们先上东山，经山神殿，内供土地神，中间经过不少殿宇，均为元太祖成吉思汗的护灵人员及兵队所占住，所以没有进去。至山腰的太白宫，就是元太祖停柩的地方，进去时经过护灵办事处的询问及签名手续，方得参谒。灵设在太白宫的正殿，门是锁上的，我们同护灵的"达尔哈特"（蒙古护灵队的名称）交涉，始荷开门相示，我们排列灵前由一人赞礼，向元太祖行了三鞠躬礼，见殿内正中置一银制灵椁，外裹以红绫的套子，据说里面还有三个箱子，最后的一箱内装瓷瓶一对，一个储太祖的骨灰，一个储皇后的骨灰；右首置一个宫殿式的房屋模型，后面插一支丈八长矛，据说是太祖征讨欧亚两洲时所用的武器，模型内另有四个矛头，也是太祖用以作战的；左首置一较小的灵柩，则储太祖妃子的骨灰。我们参观还未完毕，即闻一个达尔哈特，高声叫我们给香金，可怜的成吉思汗的子孙，现在居然把他们祖先的骨殖，向我们募化他们自己的生活费了。成吉思汗地下有知，不知将如何痛恨呢！我们大家给了四元钱，就辞了停柩的太白宫。

出了太白宫，我们再向东山的山顶而上，至绝顶见有一殿，名叫泉神殿，殿的上首为泉神神座，座下见一泉，水清冽凉爽。由地下流出殿外小潭，游人多取饮及洗手。在殿前遇护灵队副官高九如君，与程鸿耀君相识，因与我们谈移灵经过和成灵的沿革颇详，并约我们于十二时过其办公处吃蒙古饭，我们一见如故，欣然参加。与东山相连，另有一高峰，巍然挺出，独树一帜，则为玉王顶，玉王殿踞其巅，我们因高君的邀约时间将届，只能在半山上遥望，绝似华山的北峰顶，但华山的树木还不如它的茂盛。我们下山时即遇高君，被邀至太白宫正殿廊下休息，由勤务兵们搬桌椅，围桌而坐，即由达尔哈特，献全羊，置一盘中，羊头置于正中，羊的四肢和尾巴分置四旁，置盘于桌上后，由达尔哈特，用蒙古刀切头尾四肢的少许，向天抛之，名为祀天，后在羊的脑骨上割开数分，皮破骨露，又割肉一小块置于这上面，由达尔哈特，用双手捧起羊头，向食客敬肉，每一个客人须用手扯一丝羊肉送入口内尝试。这两个礼节完了之后，我们就开始大嚼，但同游诸人除我和民威尚能甘之如饴外，其他各位就不大开胃，尤以程鸿耀君简直不能下咽。一只全羊只有高君和我们主客三人吃了一阵，倒有大半只赏给了护灵的达尔哈特和兵士们去吃了。吃过羊肉之后，主人还备了羊肉汤煮的粥一大锅飨客，我和民威各进一大碗，我还喝了一大碗汤，同游的友人都佩服我的胃口。其实我这次在西北角上的旅行，倘若不能吃羊肉，还成吗？我还记得有两次吃羊肉吃得最舒服的，一次在西宁农民银行假座回教馆招待

哈萨克族

维吾尔族

席上的肥羊肉，完全是肥肉，好像上海先得楼羊肉面馆吃的炖羊肉。还有一次在肃州维吾尔族商人家中吃烤羊肉，全羊去皮后在火上烤的，颇像我们吃的烤鸭子，他们拿肋骨上的肉敬客，还将新疆的锅盔，大而且软，有些像北方人做的家常饼，一起拿出来分给客人，我将肋骨吃了一大堆，锅盔也吃了大半个，在座的维吾尔和哈萨克二族主客都啧啧称奇。

现在且把高君和我们所谈的成灵的沿革，和这次移灵的经过向读者转述。成吉思汗的陵寝本来是在伊克昭盟扎萨克旗的伊金霍洛

塔塔尔族

（鄂尔多斯），设七个旗名叫：达拉特、杭锦、鄂托克、扎萨克、郡王、准格尔、马审。除扎萨克旗是封给太祖的功臣的外，其余都封给太祖的六个儿子的。七旗之外另有达尔罕旗为太祖守灵的达尔哈特所居住，太祖死时即指定他生前的拱卫军五百户为护灵队，蒙古名字就叫达尔哈特。伊金霍洛的灵榇为三个蒙古包，一个储太祖和他的皇后

兴龙山云龙桥

的灵榇，一个储祭器，还有一个为祭祀官的住所。太祖妃子的灵榇是在小伊金霍洛的地方，也是储于蒙古包内的，离沙王府不过十五里，大伊金霍洛离沙王府三十里，后代的蒙古人均视大伊金霍洛为圣地。在离大伊金霍洛九十里的苏鲁锭，为保存元太祖的长矛和四个小矛的地方，也分开在两个蒙古包

元太祖停灵处

内储藏的，蒙古人尊敬太祖的遗物无异太祖的灵柩。此次中央因敌伪有盗灵的企图，并有鼓动阿王武装移灵的阴谋，所以特派专员到扎萨克旗赴伊金霍洛启灵，七月一日安抵榆中的兴隆山。现在随灵来山的达尔哈特有三十六人，尚有一九一师的队伍一连驻山警卫，并由行政院命令组织成灵保管委员会，派陈谕民为主任委员，补音扎布、高九如、杨健为委员。

饭后我们下了东山，步过横跨两山之间的清溪上的云龙桥，就到了西山，一名叫做栖云山，在山麓的右侧上去，先上另一个山头叫做"东岳台"的，上面有东岳行宫，行宫的左首为李道士灵塔，它的右首，为兰州农业分校，由东岳下来到栖云山的途中，可以望见对面的王峰岭，王峰对列，颇似庐山的王老峰，不过规模不如王老峰的伟大而已。栖云山的山路很曲折，虽然是羊肠小道，也没有像南方名山的石级，不过它是盘道，走起来不很吃力。栖云山上都是点缀的道教的殿宇，如玄坛庙、三圣洞、二仙洞、灵官殿、朝阳洞、三台岭、五图峰、寂静岩、瑶池境、寿星庵、斗母宫、混元阁、白碧石、洞天之类。颇有华山的风味，古人说的："天下名山僧占多"，我想在北方该是："天下名山道占多"了。不过我对于道教终认为是处处模仿佛教的，譬如洞天的通天柱，其实是一个道经幢，但是所刻的道经都是东抄西袭，大多数是不相干的传说和伪造的经文，大概从前也曾经一度反佛教运动，于是好事的就建设起来一个粗制滥造的中国化的宗教——道教了。譬如他们把黄帝、玉皇大帝、老子、庄子、吕纯阳和龙虎山的张天师，都请了出来作为道教的人物，对于中国文化史稍有研究的人，大概不见得会相信的罢。

下午四时我们方才游毕栖云，走到山麓，仍搭中央银行的汽车而回兰州。在归途中我颇起了一些感想，远在伊金霍洛的成灵，因为敌伪的险谋盗灵，到把它移到安全的兴隆山上来了，但是汉族在最近五百年来产生的两位复国英雄明太祖和孙中山先生的陵寝，都还在敌人占领的紫金山麓，还有明朝的十三陵也沦入敌区，不知它们最近有没有被匪徒所损毁？在我们还没有把失地收回以前，我们是无从去参谒的了。

123~126

第二十二章　飞渡摩天岭

22.

飞渡摩天岭

八月五日，我因在西北的事情已告一段落，即欲到重庆与当局一晤，此后拟以成都为中心，到川边西康去游历。早一日知有欧亚机经蓉飞渝就去定机位，适有甘肃邮政管理局的金计核股长鸿声由兰调渝，随得同机而去。四日的夜间，因旅兰数月，在兰的旧友新交，均来作别。有一个二十年老友来兰州招待所作竟夕之谈，一夜没有合眼。次早五时，郑君相臣派汽车来送行，就匆匆带了行李，到金君寓中接了他和他的眷处，即到机场。不料欧亚公司的办事人直到六时后始到机场，而且昨天没有把应该报告防空司令部的手续办妥，以致司令部派人在机场查问，幸获通融办理，否则这班航机能否开出，尚是问题。

七时二十分起飞，在机上看下来，黄河滚滚向东而流，皋兰山和北塔山环抱着兰州盆地，兰西公路沿着群山，蜿蜒曲折地伸展开去。兰州和他的西北部可说是纯粹西北风土，俯视下界真所谓"一片黄土，满目荒凉"，但是它的东南部，就大不相同了。兰西公路两旁的柳樟成荫和青葱的田野，可算是西北的江南了。不过山岭的广袤，河渠的涸竭，雨量的缺少，气候的干燥，处处表现出西北的高寒和贫困。因而影响到人的气节和体魄，西北民风的强悍，体格的魁梧，但是因为生产的落后，生活的窳陋，使得文化跟不上东南和西南，经济情形更相形见绌。还有西北的少数民族问题也异常严重，汉族正在担负着抗战的重大的责任，而西北的回、蒙、藏诸民族对待贫而无告的汉族，还是横施压逼，河西农民的相率逃亡，深入蒙藏民族区域的少数汉人的横遭杀戮，都是亟待解决的问题。

我身虽坐在去西南的机中，而心尚缅绕着西北，尤其是想念着旅行西宁、临夏、夏河时所见汉族同胞与回、蒙、藏民族杂居的状况，和河西一带汉族农民逃亡的惨相。

八时十五分飞渡划分华北和华南的摩天岭，在没有渡过岭巅的时候，下面完全是甘肃南部的山岳地带，山上是童山秃秃，虽不尽是不毛之地，然所长的不过一些青草和野生植物而已，并没有经过人工的垦植。一过了岭，下面就变了丘陵地带，所见的山上都已有耕种的痕迹，山上的森林更是青葱悦目。八时半飞入四川境界，俯视下面山田，阡陌相连，河渠纵横，农村修洁，真不愧天府之称，同机的从未到过川省的甘人曹君尤称羡不置。岭北和岭南，风土的变化如此之巨，可知一切政治、经济、风俗、习惯都被地理环境所制限，摩天岭可称是划分华北和华南之分水岭了。十时半，机飞渐低，已达成都平原，这一带平原上公路和河道相交织，简直没有一个村落不通公路，没有一处田亩得不到河水的灌溉，不但同机的西北朋友叹为观止，就是在东南生长的我，也自认东南的浙东和苏北，何尝比得上他呢。十时四十五分到达重庆，由成都到重庆的一线，下望有显然区别，就是平原和丘陵，重庆的左边完全是丘陵地带，它的本身就是一座山城，从机上俯视扬子嘉陵两江合抱着它，它的北岸和南岸都是崇山峻岭，虽然经过几次日机的大轰炸，市况还是依旧，人口疏散也不见得彻底。我爱成都的宁静和古雅，我不惯重庆的嘈杂和摩登，此次我预定最多住一个星期，就要到成都去的。

　　我所见的摩天岭，将全部中国分成华北和华南的两部分，它自身做了中国南北两部的鸿沟。华南的人民因为得天独厚，土地的肥沃，河流的灌溉，雨量的适宜，气候的湿暖，于是生产丰富，生活安定，影响到人民的文化进步，经济充裕。尤其是抗战两年来的丰收，使得民食无忧，真是我们抗战期间的如天之福，但是影响到人民的是体格的矮小，民气的萎缩，因为衣食的容易解决，于是养成奢靡的习俗和颓唐的生活。记得德人瓦格勒所著《中国农书》上曾说："中国在农业上是分成两个界限严明的部分，即华北和华南，要在中国地面对农业生产的影响中去描写这种地面，必须从上述的事实出发。秦岭山脉构成这两个部分的分界线，此山脉系亚细亚全域的昆仑山脉之续，自西至东，穿过三十五度纬度圈。以南的中国，而为一广大的山脉，并分为许多连山。秦岭山脉，高至四千尺，势既巍峨，关山尤为难越，此等关口为数甚多，故对于自北往南的交通成为一大障碍，即对于地面形态的展开，也发生一种久远的影响，因此对于山脉两方面农业的状态也是如此。这个山脉所造成的天然的境界线，比起阿尔卑斯山在欧洲造成的，实不相上下。因此北方的渭河流域的居民视南山麓的汉中地方为一个辽远的地方，为一个南方的乐园，他们从这个乐园取得一个较温暖的太阳，所以促成的贵重生产物，如橘子、生姜和糖之类。"

　　我在四月九日由重庆经西安飞兰州时，曾越过秦岭一次，也曾见到岭的南北两方面的地形，然而不曾觉得华南和华北的明显区别，在读了瓦格勒的《中国农书》以后，这次再飞渡摩天岭时就留心视察岭的南北两方面的地形，联想到西北和西南的人民生活状况，于是发生了不少的感慨，摩天岭大概就是秦岭的连山之一。恐怕也可算南北交通上的一个险峻的关口吧。

127~134

第二十三章　成都的风物和民俗

23.

成都的风物和民俗

　　我于去年十月二十八日由重庆飞成都，那时对成都的印象已不错，也与一般人一样当它是小北平，一切风物和食、住、行各方面都和北平相仿佛。这次我从八月十三日由渝飞蓉，在成都住了一个月之后，我觉得成都像北平的成分，不如像杭州的成分来得多了。比如马路虽然很多，但是路面没有北平的宽大，而有杭州的交通便利；又如屋宇的建筑，没有北平的古色古香，而有杭州的静院幽径；又如饮食，没有像北平各省口味的俱备，而有杭州的本地风光；至于名胜古迹，也缺少伟大的宫殿如故宫、天坛、颐和园等建筑物，而有杭州的寺院和美人名士的遗泽。成都的风物颇有与杭州遥遥相对的：如武侯祠可比岳庙；薛涛井可比苏小小墓；浣花溪可比浣纱溪；草堂寺可比云栖或理安。

　　成都是三国时候的蜀国，历代多为州郡首府，现为四川省会。孟蜀后主曾于成都城上遍植芙蓉，秋季花开时，满城如锦绣，故又名锦城，或锦官城，复称芙蓉城，或蓉城。我去年到成都，正值芙蓉盛开，殊不愧锦城之称。城垣靠锦江的西岸，有皇城、少城、外城。皇城在外城的中央，但是与外城成叉角形，为明代蜀藩的故宫。少城在外城的西南隅，为清朝驻防的所在，现已拆毁。外城周围二十里，雉堞崇宏，颇壮观瞻。城内人口六十九万，现因空袭关系，妇孺疏散至四乡者颇多。夏季天空蔚蓝，赤日可畏，入秋以后，至次年的春季，阴雨时较多，所以有"蜀犬吠日"的谚语。气候则夏不过热，冬不过冷，实至为适宜，成都为一大盆地，四面皆山，所以终年没有大风。

成都的风物，我在这一个月中间，已经寻访遍了，兹将较有名的略述于次：

　　一、武侯祠　幼时读杜甫的蜀相诗："承相祠堂何处寻？锦官城外柏森森；映阶碧草自春色，隔叶黄鹂空好音。三顾频烦天下计，两朝开济老臣心；出师未捷身先死，长使英雄泪满襟。"已经心向往之矣。那天偕同事刘、范二君亲历其间，远望已见森森古柏，气象万千，进了大门，复见到映阶的碧草，听到隔叶的黄鹂，好像与杜甫同游此间了。至于后面的四句诗，是缩写武侯的生平。黄任之先生称武侯为东方式的理想政治家，我认为他是刘玄德最靠得住的朋友，所以他受了刘的托付，感激知遇，就抱定"鞠躬尽瘁，死而后已"的志愿，后来复接受了托孤的重任，辅助幼帝，出师远征，都是以友谊为出发点的，所以古诗君臣之间，实含有纯洁的知己之感。祠在成都南门外，内祀昭烈帝及武侯，所以又称"先主武侯同閟宫"。殿中有丞相祠堂碑记，为四川第一块巨碑，两壁石刻，篆书前后出师表，也极名贵。

　　二、草堂寺　杜甫卜居诗："浣花溪水水西头，主人为卜林塘幽；已知出郭少

武侯祠

尘事，更有澄江销客愁。无数蜻蜓齐上下，一双鸂鶒对沉浮；东行万里堪乘兴，须向山阴上小舟！"这是自咏他的草堂的诗句。寺在南门外，原名杜公祠，四周茂林修竹，环境异常幽静。现已做了中央军校，我们承该校学生周君的陪游，得一览无遗。寺院尚完好，惟工部草堂则已荒芜不堪，仅留壁上"草堂"二字，及门上"杜公祠"三字，供人凭吊而已。

三、望江楼　白居易咏望江楼诗有："望江楼上临江望，东西南北水茫茫"句。望江楼临锦江而筑，薛涛井即在其后。古木参天，修竹遍地，复有楼阁水榭，供人憩息。他的旁边还有一楼，名曰"吟诗"，据全唐诗话"薛涛晚岁，居碧鸡坊，创吟诗楼，偃息其上"，想此楼并非原物了。

四、薛涛井　王建诗："万里桥边女校书，琵琶门里闭门居；扫眉才子知多少，管领春风总不如。"就是咏的薛涛。她是陕西长安人。自幼随她的父亲薛郑宦游四川，性聪颖，八岁便能作诗，不久她的父死于任所，母寡居，流浪在外，无法回家乡去。及笄，以能诗有声于当时，为四川节度使韦皋所赏识，召到家中令她侍酒，遂入了乐籍。当时诗人如白居易、元微之等，都与她唱酬为乐，但她终身送往迎来，没有归宿。她有春望诗一首："风光日渐老，佳期犹渺渺，不结同心人，空结同心

草堂寺

草。"可谓自伤身世之作。我国自古重男轻女，以为女子无才便是德，尤其是在男女社交不公开的古代社会，所以一般唐朝的诗人均风流自赏，对于如薛涛的女诗人不知爱护，竟任她沦落在风尘中，真是男女不平等社会的怪现象了。薛涛井在望江楼的后面，那里有薛涛的画像，以及关于她的碑记，不过从前出名的薛涛笺，现在已经绝迹了。

五、青羊宫　宋何耕咏青羊宫时有这么几句："缥渺百尺台，突起凌半空；凭栏俯修竹，决眦明孤鸿。"青羊宫在西门外，我这次曾在郊外沙利文花园的百花馆住过些日子。每天由城内出通惠门，经过的马路小河，夹岸杨柳，真如置身杭州浣纱路的浣纱河畔。青羊宫就在沙利文后面，暂做了中央军校，还没有进去过，庙貌则相当伟大，实为四川著名的道观。

六、浣花溪　唐人诗："浣花溪上锦成堆，谢家蟠桃曲曲栽；冀国衣从潭里濯，薛泉笺向日边裁。"咏的是冀国夫人幼时事。据说夫人曾和女伴浣衣溪畔，有一僧人也想在溪边洗他的僧衣，被女伴们所阻，惟夫人独许其同浣，不料衣刚落水，溪上即飘出五色莲花，所以后人就以浣花名溪。这个传说当然是一个无稽的神话，但是溪的两旁均是茂林修竹，溪水也清可见底，且溪流湍激，水声汩汩，颇为悦耳，其胜不下于重庆南泉的花滩溪。

七、万里桥　唐人诗："成都与维扬，相去万里地；沧江东流疾，帆去如鸟翅；楚客过此桥，东望尽垂泪。"桥在南门外，唐代诗人杜甫和女诗人薛涛均在桥畔住过，所以这座桥颇富诗意，而且这首诗更使人发生许多的感慨。我们的故乡，和足迹所到过的名胜之区，多在东部，"八·一三"以后我们才被敌寇逐渐地逼到西部来，现在欣赏成都的风物，而且在散步到这条桥上时，虽然不尽是"楚客"，也不觉"东望尽垂泪"了。

成都因为是西南文物荟萃之区，物产富饶，人民家给户足，因而形成市民的生活比较安适而奢靡。现在且把一般的民俗写在下面，我是一个毫无地方观念和成见的人，因为生长在江南的缘故，最看不惯江南人自以为是的态度，而且我到过的地方，没有一处不发生相当的依恋，尤其是成都，我希望下面的观察，不致得到成都朋友的反感。

成都人好吃茶，一条街上总少不了几家茶馆，成天坐在茶馆里的人真不少，虽然一部分是谈生意经的，犹如上海商帮的"茶会"，但是群居终日，言不及义的是占大多数，此种风俗实在是要不得的。我劝有志的青年不应再染上坐茶馆的陋习。其次好看戏，散戏的时候，门口总是人山人海，不论星期日和平日，一般人多以看戏为唯一的消遣，富者宁赏戏班，不愿捐助慈善和公益事业，有些贫者宁忍饥寒，而庙会、观剧则不可不去。

成都人有些性尚虚荣，所以凡自建住宅的人家，往往自己做了匾额，下面把有面子的亲友的姓名刻上，悬在大门口或厅堂上，以示阔绰。清朝有功名的，必自书报条，遍送亲友，和将官衔刻在征诗文的小启上，或在死后刻在讣文上，以为无上的光荣。因此绅商以结交官场为荣，士绅尤喜学官派，性最怕官，而好与官场相交往，并以出入公门骄人。

青年子弟嗜烟酒赌博，习惯奢华，不能耐劳，不大读书，喜学时髦，口中常叫唱戏词，举止轻佻，不畏人言。

妇女迷信鬼神，常与三姑六婆相往来。性好修饰，稍受教育的女学生，颇有宁嫁军人、官僚做姨太太的。私娼极普遍。有些小家碧玉，往往因慕阔人姨太太生活的优裕，而自甘堕落。摩登女子识字无多，喜冒充女学生，妇女改穿西装的，在香港、上海都不多见，而成都则实繁有徒，即此一端，可概其余。

成都是一个讲求吃的地方，川味也的确值得一尝的。在国内名都大邑已有不少的川菜馆，但是在四川则以"成都味"为正宗。成都的吃真是大小咸宜，一般地说，比较是价廉而物美的。较大的馆子如荣乐园、明湖春、醉沤和一些不醉无归小酒家等，均是生意鼎盛，其价较之上海、香港一餐动辄数十元的，也已便宜不少了。至于较小的馆子，如靠近少城公园一带，只要数角至一二元钱，也可吃得很舒服。等而下之，在最小的食店中，叫一只大肠和一碗豆花，吃三碗饭，合计不出二三角钱，成都可算在西南吃饭问题最易解决的地方了。

住的问题在成都也比较尚称便宜。最小的栈房不过一二毫钱一宿，普通旅馆均仅一二元的房价，较高等的也不过三五元的房价。倘然自租一所住宅，几十元钱，就有一二进的院子，花木俱全了。若只要分租几间房子的话，则每月十元、八元即可租得二三间房子。成都人的物质享受，也可算西南首屈一指的地方，如大旅馆有抽水马桶和洗澡房的设备，浴室有男女之分，复有家庭房间的布置，瓷盆、沙发应有尽有，就是以浴室出名的平津，也没有这里的讲究。其他如木器的精巧而低廉，凡是最近到过兰州和昆明的人，来到成都时，没有不啧啧称美的。

我想成都人生活的颓废，一半是因为物产丰富，衣食容易解决的缘故。我们应该限制那些饱食终日无所用心的人，送到训练壮丁的自卫团去，使得坐茶馆的人数可以减少一些，奢靡的生活习惯，也可以痛快地革除一番。我相信成都人是有办法的，他们已具备了西南人进步的特质，而且生在物产富饶的天府之邦，一切天然环境比西北贫乏之区，是要好得多了。

"战争是抗毒素"，能把陈腐朽败的微菌，变为新鲜活泼的细胞，重新使得社会国家走上进步的大道，变迟钝为迅速，化颓废为振作。在我今年重履成都时，我第一眼就发觉成都的青年女子，已能戴了宽边的草帽和踏上草鞋逃警报了，而且秩序也比较良好，走起路来已健步如飞了。我希望成都人经过战争的训练，永远保留着这健步如飞的精神。

135~139

第二十四章　参观灌县都江堰

24.

参观灌县都江堰

截至八月十三日到了成都以后，早就想到灌县和乐山二县去游览，卒以俗务丛脞，没有暇去。九月二十八日成都中央银行杨经理孝慈和灌县办事处谢主任子瑜因公赴灌，约我同去，我遂得便同往。灌县在成都的西北，约六十公里，乘搭中央银行汽车，仅一小时半即到达。杨、谢二君先在灌县的四川省行下车，我因有合作金库的庐建人君介绍，往晤灌县合作金库的唐经理兆佛，承邀往金库客室下榻。那天晚上承省行的周主任攸之在又一村设宴招待，饭后休息。

二十九日清晨即起，八时用早膳。九时由唐经理陪同参观都江堰工程及其附近的名胜。出了灌县的南门，就经过上盖瓦顶的木桥，桥的右首就是离堆公园，园内虽没有什么布置，然而水声潺潺，树木茂盛，颇饶天然风景。北首楼阁峥嵘，殿宇高峙，为伏龙观，内祀都江堰的创建者李冰和范寂。离堆的东北角，有一石笋插入江心，形如象鼻，叫做象鼻嘴，又叫宝瓶口。江水从这里经过，水流湍激。从离堆下来，去参观飞沙堰，所谓"堰"，就是用竹笼装了卵石，堆成并行线的埂。据说此种竹笼不易破裂，而且沉重，使得卵石不能移动，堰就不致崩

灌县离堆

溃了。此法在近代水利工程上尚有相当的价值，所以沿用至今，并无改良的必要。从飞沙堰上来，仍经过离堆公园，惟所经幽径，满植松柏，人行其间，只觉一股清新的空气，呼吸得肺腑畅爽。

再进南门，沿城墙向北而行，出西门直达玉垒关。在西门城墙上回头俯视离堆全景，觉得比在飞沙堰仰观时明显得多了，从城墙往东远眺，可见安澜索桥和二郎庙的全景。出了玉垒关就见二郎庙，我们要去看安澜索桥，桥有三墩，一石二木，石墩即安置在都江鱼嘴之上，从两岸至石墩之间，各安木墩，全桥用竹索相系下铺木板，人行其上左右簸动，犹如浪木。从石墩的小梯下去可以走到鱼嘴的上面，鱼嘴为内外江

都江堰灌溉图

安澜索桥

的分水处，以形状为名。明代曾铸铁筑鱼嘴，日久被水冲没。清代改筑石鱼嘴，也因建筑未固，第二年即被冲毁。民国二十四年始改用水泥砌块石，直至最近终算还未损坏。

从都江鱼嘴上来，再由安澜桥至东岸，登石级百余级，两旁古木参天，酷似广州的观音山。我们于走完石级时，即见二郎庙的侧门，朝北照壁上绘内外江灌溉区域全景。再走了数十级石级，就见二郎庙的正殿，前殿祀李冰的儿子二郎，后殿祀李冰夫妇。据道士相告，谓都江堰虽创始于李冰，而完成于二郎，后世因李冰创始之功也不可没，故重建伏龙观以专祀。庙于民国十四年毁于火，由老道募化重建，庙后最高处可望见青城山及灌县都江堰等全景。我们由南首正门下山，沿途见壁上均镌有治堰古训，如"深淘滩，低作堰"和"遇湾截角，逢正抽心"等石刻，犹如近世科学家所用的公式。内外江调节水量的方法，系洪水时期，内四外六，枯水时期，内六外四，调节的枢纽就是"杩槎"。杩槎是用桤木做的三脚架，把杩槎连接排列着，装了卵石和泥土，使成为挡水坝，利用杩槎以资调节内外江的水流，我们在鱼嘴尖角处，还见有好多的杩槎插在水中呢。

都江堰所灌溉的面积，共为三千五百方公里，五百余万亩，仅较成都平原的面积略小。以灌县为顶，金堂、成都和新津为底，形如一只三角，被灌溉的县分有：灌县、郫县、彭县、崇宁、新繁、广汉、金堂、新都、成都、华阳、温江、崇庆、双流和新津等十四县。都江堰的作用，是把岷江的水流分而为二，外江就是岷江的正流，内江则是凿离堆引水而成的。成都平原的河流不下数百，一部分由于自然的生成，一部分则为人工所开浚。岷江发源于灌县以上，水流万山的中间，灌县以下即倾泻于低地，若没有人工的调节，洪水时期难免氾滥的祸患，涸水时期就有涸竭的灾害了。

都江堰的历史是这样的：周慎靓王五年，秦惠王吞并了巴蜀的地方，张仪荐李冰做了蜀郡的太守。李冰和他的儿子二郎大兴水利，于是筑都江堰，凿离堆，分岷江的水入内江，使正流免生洪水的灾患，内江得到灌溉的利益。成都平原，遂成为一片沃壤，李冰父子功垂万世，川人奉为蜀主，至今奉祀不衰，足见我国的国民对于有功社会、国家的官吏，于其死后爱戴崇敬的心理，虽相隔已二千余年，迄未淡忘。

140~144

第二十五章　重游北碚

25.

重游北碚

　　我于去年十月二十二日初次往游北碚，是承民生实业公司和三峡乡村实验区署招待的。那天我偕同事樊兆鼎、世交盛仲悟二君同去，来去都搭民生公司的小轮，仅游北温泉和三峡区，因时间关系没有上缙云山的机会。十月三十一日因事须与老友陈布雷先生面洽，陈适在缙云山上小住。我遂上山往访，顺便重游北碚和北温泉。这次以前度刘郎的资格，只身而往。六时由重庆招待所出发，雇轿到两路口汽车站，八时三十分开车，八时五十分抵化龙桥，九时〇五分抵小龙坎，九时二十分抵新桥，九时三十五分抵山洞，九时五十分抵新开市，九时五十五分抵歌乐山，十时〇五分抵金刚坡，十时二十七分抵赖家桥，十时三十七分抵陈家桥，十时五十六分抵青木关。这许多站均沿成渝公路而设，现均为迁建区。十一时十七分抵凤凰场，十一时二十三分抵小湾，十一时三十四分抵歇马场，十一时四十五分抵独石桥，十二时抵天生桥，十二时〇五分抵北碚，这些站是专为北碚支路而设的。从重庆到北碚公路全程计七十五里，费时三小时三十五分。

　　从两路口到新桥的一段公路，是一面靠山，一面临水而筑的，山青水碧，煞是好看，过了山洞，公路在崇山峻岭中，跟山坡起伏，遍山青葱可爱，间有一两株枫树，满树红叶真"万绿丛中一点红"，益增妩媚，风景不下于南岸。在北站下了车，离北碚市镇尚远，我预雇了一乘滑竿，先到镇上的小酒家吃了午饭。镇上比去年繁华得多了，开了不少的店铺，还有很多摩登士女来来往往。饭后坐了滑竿先上缙云山，山上茂林修竹，细雨霏霏，颇有秋山烟雨的风味。走了三分之二的山路，忽见上面来了两乘滑竿，第一乘坐的人酷似陈先生。初尚不敢招呼，待行近时果然是陈先生和他的副官，遂各下舆把晤，谈至半小时之久。我和他最近一次的会晤，是在二十六年的四月，地在南京。那时他曾戏谓："我们订交二十年，在二十年前，大概预料我们相交最多不会过十年吧。"然而他身体尽管孱弱，意志却极坚强，所以到了二十年后的今日，还是与病魔相搏斗，纵使患了极严重的失眠症已十余年，精神依旧很好。他亟欲下山，我则以既已上山，且到缙云寺一游，然后到北温泉一宿，于次日搭船返渝，遂与他匆匆握别了。

缙云寺不过如江南中等寺院的规模，因为太虚法师在那里创设了汉藏教理院，故颇为外界所重视。承寺僧止庵的招待，遍游寺中名胜，并参观教理院的讲堂和图书馆，该院藏经虽不算多，但在一般寺院中还算不错。惜太虚外务太多，未能专心主持，致生徒寥寥无多，仅俱形式而已。据止庵云，该院保有三种古物，一为六朝遗像，二为唐雕照壁，三为明刻双碑。他导我去观摩，见六朝遗像三座附供于大殿后佛座，均仅留半截，犹近代雕刻家所作的胸像，明碑则植于大殿庭前的两旁，制作甚古，当为明初所刻；唐雕照壁则在山门对面，浮雕动物颇多，中间一物似龙非龙，似象非象，蹄则如豕。止庵谓曾经考据，确为唐代雕刻，

缙云寺大殿

中间的动物，则为印度佛教所象征的龙，石壁苍老，颇有剥落的痕迹，似已有相当的年代了。

下午四时由缙云寺仍乘滑竿至北温泉，沿途山路宽阔，松柏成林，颇如衡山。近温泉公园的山顶时，俯视嘉陵江蜿蜒曲折的水流，观音、温泉、牛鼻三峡如三重门户的排列着，使水流更加急促地往下泻。嘉陵江上的船夫，下驶的，一面掌舵，一面打桨；上驶的，成群结队的背着纤，虽已在秋末冬初的时候，还是裸着下体，以免江水没湿了他们的下衣，口中唱着劳动的歌声。而温泉公园上下成列的洋楼，中间住着的贵妇人们，尚多涂着口红，搽着蔻丹，足穿高跟鞋，身着摩登的衣衫，正在夕阳将落的时候，在山旁树荫中散步呢。不禁使我脑筋中反映着十年前，在上海所看"伏尔加"船夫曲的影片来了，使人发生无限的感想。在前方流血、后方流汗的大时代中，她们仍不能忘情于物质的享受，殊有高适诗中"战士军前半死生，美人帐下犹歌舞"的矛盾了。

到了温泉公园天将黑了，看定园中的宿舍，夜色迷糊中先到财神洞一游，回来再到温泉洗了澡，然后到食堂晚膳，就回花好楼睡觉。但是夜半醒来时，头痒难熬，大概是蚤和虫在作祟吧。一宿起来，再到乳花洞去游览，沿途鸟语花香，晨霭初霁，清香扑鼻，殊非住在乌烟瘴气的都市所可比拟。公园中芙蓉已放，月季正开，阶前草也开了白色的花，青白相间，格外显得分明。乳花洞的温瀑，热气蒸发，以手承之，温暖可爱，附近住宅洗衣用的水，均取给于此，无异天然的"老虎灶"。温泉公园是就原来的温泉寺改修的，惟三个大殿尚留原有的形式。温泉不分男女，仅有露天游泳池、室内游泳池和个人浴室三种不同的设备。

　　十一月一日九点十五分搭民生公司的民律轮返渝，九时四十分抵白庙子，九时五十分抵土陀，十时二十三分抵悦来场，十一时五十分抵瓷器口，十二时三十三分抵牛角陀，下午一时〇五分抵重庆市嘉陵码头。由北碚返重庆，水程六十里，费时三小时二十分。嘉陵江上长了不少的沙洲，有些地方很像长沙，过温泉和观音两峡时水流湍激，稍一不慎就有覆舟的危险。沿途山高水长，山色映在水中，颇饶水天一色的胜景，但是嘉陵江上的船夫曲，与美景相映，使我听得有些发慌呢！

145~149

第二十六章　渝成道上

26.

渝成道上

　　我于去年十月二十八日由重庆初次到成都，今年八月五日由兰州到重庆及十三日由重庆第二次到成都，十月九日又由成都到重庆，都是坐飞机的。这次在十一月八日必须从重庆到成都，老友洪芩西先生晓得了，就劝我改搭汽车，以便看公路沿途的风景和成渝路上各县的情形，而且所费的时间不过二天。我接受了他的劝告，于先一日，去见东川邮政管理局的周局长云东，要求他发给邮车的乘车证，承他即刻照发，我当即回到重庆招待所整理行装，以便第二天一早到邮局门口搭车。不料晚上朱学范先生同住招待所，蒙他枉顾不晤，待他返家时去还谒，一谈就是一小时以上；还有一位同事范德峰君新从昆明而来，他和我同住一室；另一位同事范厚甫君，也因特地预备送我上车，那夜也同住在一起，不免谈得很多。我上床还未合眼，茶房就来叫了，因此没有睡好，当即离床。梳洗完毕，带了行李，雇车回邮局而去。到门口时，当天开往成都的邮车，已在等着我了。我们安置行李，匆匆握别，车即向上清寺而驶了。

　　十一月八日晨六时出发，六时十五分车停上清寺修车厂门口约一刻钟，六时半开车，九时半抵璧山县，在城外稍停。从重庆至璧山途中经过崇山峻岭，车一下子上坡，一下子下坡，颇感颠簸，但是风景以这一段为最胜，初沿嘉陵江而行，滨水傍山，峭壁悬崖，殊饶险峻之美，旋入万山丛中，奇峰怪石，冈峦起伏，别具一种雄伟的景色，而且满山均植松竹，中间种了几株枫树，秋深叶红，与青松翠竹，互相辉映相衬。在山巅俯视山田，依丘陵的形态，引水耕种，田塍屈曲，为四川所特有之梯田。这一途除长途汽车外，交通工具，仅有人力车和滑竿，人力车由高坡往下拉时，车夫利用车上乘客的重力，任凭两轮自动地往下泻，毫不吃力，惟抬滑竿的，则丝毫没有借力的方法，两个人扛了一个人上坡下坡，既费力，又费时，可谓人力用得最不经济的了。十一时抵永川县，公路就在原有的孔道上通过，路面铺以巨石，路的两旁，商市繁盛，我们就在一家小饭店内吃了午饭。

下午二时抵荣昌县，车入城，虽仅如江苏嘉定差不多大小的县分，但人民也颇富足，大街上几家茶馆，坐着不少品茗的有闲阶级。四时抵隆昌县，在城外暂停，这个县城界于荣昌、内江二县的中间，交通比较重要，出产也极丰富，所以相当繁荣。六时抵桠木镇，车在此渡江，那时天已黑了，而且细雨下个不歇，道路泥泞，渡船的跳板不易安置，几次汽车将上跳板都被滑下，幸承另一汽车司机的帮忙，总算平安地渡过了江，这江就是四川四大江之一的沱江。过江就到了内江县，内江县为成渝路中最富饶的县城，电灯、电影、戏院、歌场应有尽有。我们到时，正是万家灯火的时候，本拟下榻内江招待所，去时已无房间，只得在附近一家旅馆住下，仅可容身。街市颇似灌县，中、中、交、农四行和川省较大的银行，均有分支行或办事处的设置，可见内江地位的重要了。从永川到内江一路在丘陵上上下，每个县城大概都是建筑在平原上的，路上的运输工具，不是用了架子背在肩上，就是利用破烂的人力车，装上好多的货物，一人拉着，一人推着，还有一人牵着而走的。用牛背驮运的，已不多见，至于骡马和大车则绝无仅有，可见成渝路上运输情形的困难了。沿途见成渝铁路的土方、桥梁和涵洞，均已修竣，铺上路轨，就可行车，闻因材料多作成昆铁路之用，致成渝路未能观成，惟政府权衡轻重，不得不先行完成西南国际路线，也未可厚非呀。

九日六时自内江出发，七时半抵资中县，由内江到资中，一路纯为蔗田，省政府且设了甘蔗改良场，以奖励改良蔗种，但是这里的蔗种均是竹蔗，颇似江苏崇明所产的芦蔗。木蔗出产不多，而且蔗甘也没有广东揭阳一带所产的粗和长，不知广东蔗种能否移植四川？小丘上满植甘蔗，远望颇似盆景中的菖蒲，遍地都是蔗田，沿溪长了芦苇，车在田间通过时，使人想起东四省义勇军在青纱帐中的抗战工作了，这一带不但产蔗而且还产着橘柑和棉花，四川真是伟大的天府之邦呢。过了内江，车在沱江边进行着，一面临水，一面靠山，青绿色的蔗丛中间，露出一二株的枫树，红叶灿烂，格外显得色彩的调和，这里的风景，或胜重庆滨江一带。九时抵球溪河，就在镇上小饭铺吃早饭。饭菜中有鸡鱼之属，西南人的口福，真比西北人好得多了。同在那里下车吃饭的人中，颇有几位摩登的小姐，大约也是来自东南的人物。十一时抵资阳县，是四川产橘的县分，县城不大但也颇整洁。

下午一时抵简阳县，它是四川产棉的县分，县城很小，街市不多，但也不错，附近名胜古迹颇多，可惜没有闲暇去遍览。三时十五分抵龙泉驿，就下了鹿头山脉，从重庆到成都，除了重庆稍有几座高山之外，当以此处的山岳为最高的了。车随山路上下曲折地走了一个小时，方才达到成都平原。这里山上长着常青的植物，沿溪排列着嶙峋的奇石，好像自然的公园，加以沿途人工的点缀，真可称天然图画。成都的城市已可在下山的山坡上望到了，但是成都城外的道路，实在太不堪。经过东门外大街和城内的街道，足足费了一小时以上的时间，将近五时方才到达西川邮政管理局的停车场，这一段道路应该请成都市政府加速修治，否则蜀道之难，将不在山陵地带，而在成都市郊了。四川过去虽经过军阀的割据，但是在防区制度下，也有不少的军人好整以暇地去经营都市的建设，所以一般外县的市容，也相当的优良，实为差强人意的事情。

150~156

第二十七章　川陜道上

27.

川陕道上

　　我于十一月八日，由重庆循成渝公路到成都，十五日就从成都循川陕公路到西安。这次也是搭邮车去的，同事叶骏发君同行，承西川邮政管理局特派两辆邮车，俾我们都可坐在司机的旁座。那天六时，即到西川管理局，送行的友人均到车站作别。车于七时四十五分由西川邮政局停车场出发，先到北门外邮局门首上足汽油，八时五十分续开，九时四十分过新都，这里是我旧游之地。因为某次避空袭，曾与中央银行的杨经理孝慈，到宝光寺吃过一顿蔬餐，警报解除后复到城内的桂池公园游览了一会，傍晚始尽兴而返。十时四十七分过广汉，这里的县城和新都不相上下，商市栉比。我在一家书店，买了一本地图沿途得到不少的益处。十二时十六分过德阳，我们即在一家小饭馆内便饭，价较成都还要便宜，饭菜也极可口。在此种小城市内生活，真觉得畅适而价廉。下午一时五十分过罗江，这里已出了成都平原，远处已见群山包围，地势愈走愈高。二时四十三分过新店子，是一个不大的市镇。二时五十分渡罗江，风景颇似成渝公路上的沱江。三时二十五分过绵阳，在这里穿过了城，市容颇如浙江的嘉兴。四时渡河。五时十二分过魏城，车未入城。六时十分抵梓潼，宿招待所。七时偕同行的叶君在就近的小饭馆进膳，觉物价已较成都为高，惟广柑一元可买十余枚，则比重庆及成都为廉。招待所每晚宿费一元二角，也比其他的内地为贵。本日共行一百九十公里。

　　十六日六时四十分出发，至离梓潼八公里处，即见文昌宫。沿途的山均作金字塔形，车在山道中上下盘旋，在将到文昌宫前，远望古柏森森，气象万千。从这里起，沿公路两旁，继续至一百公里以上。据司机相告：俗称系三国时，张飞送孙夫人和刘阿斗过此，沿途烈日当头，特播种柏子，一日之间，树高数丈，叶蔽路面，故每树至今尚供牌位，无敢砍伐者。我想定为古时的人故弄玄虚。八时在离梓潼十五公里处因车头橡带脱去，水箱水沸，不能前进，幸另有一车，因机件损坏，停在五六公里之外，由司机设法调换，九时四十五分得以续进。十时半过武莲镇，已是川北的景象，言语略带陕音，妇女多尚裹足。十二时半过剑阁县，城郊古气盎然，城外风景绝佳，叶君所搭之车，因钢板已断，不能再进，遂将行李移置我们的车上，下午只得和我同车而行了。我和叶君进城午膳，剑阁城中只有一条道路，临河筑城，后面靠着山坡，我们在小饭馆中吃了三菜一汤，费钱三四元，较之梓潼又贵一倍有奇。二时三十五分过剑门关，关内有汉大将军姜伯约屯兵处古迹，出关回望关口，如列围屏，山顶巨石平辅，形势异常雄壮，在古时未有立体战争的威力，真有"一夫当关，万夫莫敌"的气概。三时二十二分渡江。四十五分过昭化，这里的风物更似陕南，言语已带北音。四时〇六分渡嘉陵江，已暮霭沉沉，船舶横列，闻涨水时期，航运十余日即可达重庆，实不愧川省四大流域之一的称谓了。五时十五分抵广元，这里的商市比梓潼繁盛，因地处川陕交界，后方运输与商旅往返，均为必经之路，故较战前繁荣的多了。我们宿招待所，并在一家北平馆内晚餐，食宿的费用又较梓潼贵得多了。本日共行一百六十公里。

十七日五时五十分出发，七时〇五分经过嘉陵峡，沿途风景绝佳。七时十分过朝天驿，道一带古称云栈，实为由陕入川的南栈道，山路靠山临水，凿山石而筑，闻道旁旧有石牌刻佛像，筑路时已被炸毁，殊为可惜。此段公路沿着嘉陵江，蜿蜒曲折的连续约三十公里，可称壮观，白居易《长恨歌》中所谓"蜀江水碧蜀山青"的，大概就是指着这一段的风景。九时，入陕西省境，西北公路局在此处竖立着一座木牌坊，一面为着"西北门户"，一面写着"川陕交界"八个大字。九时二十分过西秦第一关。十时过宁羌，即在郊外小饭馆进膳，饭馆为河南人所设，面食尚佳，惟价较广元尤贵。十二时三十五分过大安驿，一时四十五分过武侯镇，旧沔县县治，传为诸葛武侯施空城计古迹。该处有武侯祠，庙貌甚古，大殿有琴童抱琴侍立像，并有古琴一架置琴桌上，均为传说空城计而点缀着的。二时二十五分过沔县。已入汉中盆地。车经这里已无颠簸之苦。尽自出成都盆地以后，到此始重履平原。三时半过褒城，渡褒水，褒城为褒姒故乡，周幽王因宠姒而召亡国杀身之祸，不知为何还把她的姓氏做了县名呢？四时十五分抵汉中，这里为陕南最繁荣的城市，物价亦贵得可以，普通一餐饭的代价非二三元不办，出产有甘蔗和柑橘，颇有南方的风味。我们住在离邮局不远的旅馆，每人需出一元的代价，也较其他西北地方贵得多了。本日共行二百五十公里。

十八日七时，在汉中邮局，换搭南郑、宝鸡间的邮车出发。七时〇五分在油栈门前加油，八时二十五分过褒城，八时三十五分过鸡头关，即入北栈道。公路沿褒水

石门栈道

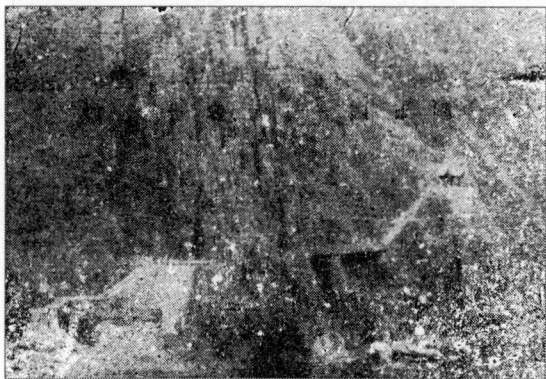
鸡头关

而筑，穿山而过，古称"石门栈道"。这一路的风景，比较南栈道还要壮丽，沿途山上，遍植枫林，红叶蔽山顶，山旁怪石嶙峋，颇饶园林的胜景。在栈道的两岸中间，铺设一条铁桥，制作坚固华美，足当我国公路桥梁的模范建筑物之称。陕西公路，前为全国经济委员会公路处所经营，后由交通部西北公路局接管，一切路基、桥梁、涵洞均较四川省为佳。九时半过马道，又入群山丛中。十时过铁佛殿，沿褒水行已五十公里了。十时四十五分过留坝，城在山上，为陕南最小的县份。十一时二十分过枣木。十一时五十分过庙台子，这里有一座有名的留侯庙，为张良辟谷处古迹。我们进庙略为游览，就在附近的饭馆进午膳，一餐的代价已为法币五六元了。十二时五十分过南星。二时十五分过双石铺，这里为由陕西入甘肃的孔道，农本局在此铺设轻便铁道，至秦岭山脚约七十公里，越秦岭后续铺三十公里直达宝鸡，对运输棉花入甘肃和四川二省实为便利不少。二时四十五分过朝凉驿。四时十五分过黄牛铺。四时四十五分登秦岭。五时十分下秦岭，车在岭上盘旋二十五分钟，过岭时已觉气候突变，寒风刺骨，完全为北方的景象了。六时渡渭水，抵宝鸡时，已是万家灯火的时候了。宝鸡已成由西安到汉中的要冲，在抗战中繁荣起来，我们为寻一下榻之所，奔走数家旅馆，均告客满，只得在小旅馆找到一间空房，与叶君同榻而卧，并在一家北平饭馆用膳。第一次吃到大葱，格外觉得味美。但食宿的费用，又比汉中高贵了。本日行二百五十五公里。

十九日七时五十分搭陇海铁路西宝段火车赴西安，车站排列着国有各铁路的客货车，颇似列车展览会。我从广州、汉口相继失陷以后，国有铁路久未重搭，今天搭坐这段铁路，心中浮上一层说不出的喜悦。我们所搭的一列车，各式俱全，头等为胶济路的坐卧两用车，从前由济南至青岛来回好几次，曾经坐过，此次乘坐颇有游子重返故居的感觉。西宝段现在每天开慢车一次，晨开午到，每星期一三五和二四六对开快车各一次，午夜开，清晨到。我们搭的是日行慢车，每站必停。八时〇七分过宝鸡台，八时十八分过卧龙寺，八时三十六分过虢镇，九时〇三分过平阳镇，九时二十四分过蔡家坡，九时四十五分过镇县，十时十五分过常胜，十时三十四分过绛帐镇，十时五十三分过武功，十一时十三分过普集镇，十一时五十五分过马嵬坡。这里有杨贵妃赐死的古迹，现在只剩一片荒土，真是"马嵬坡下泥土中，不见红颜空死处"。十二时十五分过兴平。十二时三十八分过茂陵。车站离茂陵尚远，未能一谒征讨匈奴经营西域的民族英雄汉武帝的陵寝，实为憾事。十二时五十八分过咸阳，这里是有名的咸阳古渡，但现在已筑了两条铁桥，火车可以在桥上通过，这个有名的古渡，已很少人去问津了。一时三十五分过三桥镇，二时抵西安，火车缓缓开抵西安中正门前宫殿式的车站时，远见巍峨的城郭，突现在目前，令人回想着北平和南京的古城。自从"八·一三"抗战以后，我们在西南各省流亡着，见到古色古香的城墙和箭楼的伟大建筑，还是以此次为第一次呢。西安本是我的旧游之地，这次重来已发生了不少的感慨，同行的叶君还是初旅，他对着这座古城，更觉得不胜爱慕了。从宝鸡至西安铁路线两旁，均为黄土层，人民多住窑洞，已纯粹是西北的风土了。我们下车后，即到西京招待所下榻。这里的一切设备，与从前南京的首都饭店相仿佛。我和内子葆真，在二十五年第一次游西安时，也曾下榻此间。此次因煤片缺乏，致热气管备而不用，又不许旅客生木炭取暖，清晨和深夜，冷气逼人，实在有些受不了。二十五年双十二事变发生时，在西安殉难的邵翼如先生就在此地遇难。我和邵氏十五年在武汉订交，相识逾十年，在上海和南京，屡承教益，此次重屡西安，复重寓此间，睹物思人，不胜今昔之感。

157~164

第二十八章　西京的史迹和生活

28.

西京的史迹和生活

　　我于二十五年春末，曾偕内子葆真同游西京，至此次又从成都循川陕公路重到此地，已相隔五年了。虽然四月九日，从重庆飞兰州时，也曾经过西京，然而仅仅在飞机场留下半小时的加油时间，西京风光只得在飞机窗外鸟瞰得之，实在不足称为重游。这一次，在西京住了六天，因为叶君是初次到此地，我陪他同游城郊内外的胜景，西京的古迹，总算已经游览过半了。西京自经周、秦、汉、前秦、后秦、西魏、北周、隋、唐列代建都以来，一切古代的文物制度遗留至今，实较洛阳、南京和北平的史迹久远得多了。惜古代伟大的建筑物多已被烧劫，所以如阿房宫等遗址，断垣残瓦都无从复按，幸近年出土的古物和碑碣尚获保存，加以抚摹，令人发生不少思古的幽情和民族文化的观感。

　　现在把游览所及城郊内外的史迹和人民生活的情形，略述于次。古人说："长安居，大不易"，我们这次经过西京的时候，适值抗战期间，由西南的成都，到达西北的西京，的确觉得"生活难"。兹就西京胜迹略述于下：

　　碑林　在西京南城东城根，为唐朝国子监的旧址，宋朝吕大忠把唐代开成的石经和柳公权、颜真卿等所书的石碑集在一处，称为"碑洞"。到清初又把圣教序和淳化帖移入，改名"碑林"。现在经陕西省政府设委员会保管，并由于右任先生将其鸳鸯七志斋所藏墓志铭三百余块移存，大小碑石当不下三千块。此次前往参观时，惜比较名贵的石经和其他的古碑，已用厚泥封固，以防空袭时为弹片所毁，所以一部分名碑，均成为"没字碑"，实在大煞风景。

卧龙寺　在碑林的东首，创建于隋朝，初名"福应禅寺"，唐朝时，吴道子曾手绘观音像，刻石立碑于寺内，因改名"观音寺"。宋初维果和尚长卧寺中，时人称之曰"卧龙"。宋太宗又更名为"卧龙寺"。清末那拉后与光绪帝避庚子之游，曾到西京，大加修筑，殿宇非常宏伟，可称西京的首刹。山门石牌坊，异常古雅，南方的僧寺，很少见到。

下马陵　在卧龙寺的东南，是汉大儒董仲舒的埋骨处，从前汉宣帝和魏文帝经过此地，均下马致敬，所以得名。唐朝西京人将"下马"二字讹传"虾蟆"，唐诗"家在虾蟆陵下住"，和"翠楼春酒虾蟆陵"等句，大约都是古人从俗的称谓。清李因笃咏下马陵诗有："秦烟鲁壁汉同功，武帝雄才正大风；自罢百家崇正始，亲延三策训群蒙。祠坊独撼摩霄树，牧碛初开静夜钟，咏罢芙蓉残梦觉，蹇衣遥对月明中。"我们去游览时，见已修理一新，惜祠内谢绝参观，未获一展汉代大儒的庙堂，实为美中不足的憾事。

东岳庙　在西

卧龙寺

京城南，奉祀东岳大帝，是唐朝的建筑物，庙内有唐、宋两代的画壁，为极有价值的艺术品，庙貌颇似南京的朝天宫，惜年久失修，多已破旧不堪了。

钟楼 在西京城的中心，共为四层，是一座雄伟壮丽的古代建筑物，闻初在迎祥观内，明万历年间，把它移到现在的地址。清乾隆年间，又重加修葺，惜去年被日机空袭，致有一部分被毁。幸所损无几，屹立于西京城中，作为这个古城的点缀品。

鼓楼 在西京陕西省政府前，本是元朝的敬时楼，后改为鼓楼，乾隆年间与钟楼同加修葺，最近复修理一新，很壮观瞻。这楼比钟楼高，共十一丈，分三层，也是古代宫殿式的建筑物。

省立图书馆 在西京城内南院门，是明朝书院古址的一部分。这个书院本是宋朝张载、程颢、程颐诸理学家讲学的地方，明朝时由常遇春改建而成。清朝时就书院的一部分改为陈列馆，民国成立后，把陕西省所有公私藏书和古物，全行保存于此。馆内最名贵的古籍，为由卧龙寺移存的宋元明版的大藏经和昭陵六马的石刻，惜为避免空袭起见，已将较为宝贵的书物，迁移到乡间去了。

大雁塔 在西京城南七里的慈恩寺内，本为汉朝的乐游庙，至隋朝改建为无漏寺，唐朝高宗时又改建为慈恩寺，并请高僧玄奘法师和他的弟子在寺内翻译佛经。永徽三年，玄奘请高宗仿西域的制度，在寺内建筑五层高塔，作为藏经之用。至长安年间又改建为七层砖塔，高十六丈，内设螺旋梯，可以登临塔顶。宋元明清各朝均加修理。民国十九年，朱庆澜将军又捐巨款，大加修理，寺屋和雁塔均焕然一新了。慈恩寺为唐朝著名的古刹，塔门石刻是颜立本所绘，塔下有圣教序碑，为褚遂良所画，塔前排列着许多碑碣，是从唐朝至清朝历代举子的题名碑，所谓"雁塔题名"，就是指此种碑碣而言。塔后有不空和尚译刻的大慈经幢，院内有几块似钟磬的响石，均为珍品。唐章八元题慈恩寺诗有："十层突兀在虚空，四十门开面面风；却怪鸟飞平地上，自惊人语半天中。回梯暗蹬如穿洞，绝顶初攀似出龙，落日凤城佳气合，满城春风雨濛濛。"真是我们登临雁塔时的情境，可称写实之作。

小雁塔　在西京城南三里的荐福寺内，本为隋炀帝居藩时的旧宅，后舍宅建寺，崇奉密宗，最初名大献佛寺，到唐武后时改称荐福寺。寺内原有小塔一座，在唐武后年间，曾在寺内翻译佛经，中宗即位以后，大加修饰，宫内的嫔妃们，集资在寺内建了一座塔，高二百余尺，共十五级，不能登临，因与大雁塔对峙，所以名为小雁塔。塔为几度地震所损坏，都没有圮毁。在明嘉靖乙卯年间，西京地震，却使塔分裂为二，癸亥年间又遭二次地震，裂缝反而合拢了，以后历次地震，使塔的裂缝离合靡定，迄未坍倒，可称奇迹。塔至今仍有一尺宽的裂缝，寺内保存大铁钟一座，亦有不少传说，均为小雁塔的佳话。

咸阳古渡　在西京城四五十里的渭水河滨，是由西京至咸阳必经的渡口，自陇海路西展后，由西京至宝鸡，均由渭水铁桥通过。但由公路汽车往来西京、咸阳间，仍需在古渡上渡过渭水，还保留着唐人诗上的"咸阳古渡几千年"的状况。我们这次来回经过两次古渡，但觉渡口异常荒凉，大有刘沧咸阳怀古诗："经过此地无穷事，一望凄怆感废兴；渭水故都秦二世，咸阳秋草汉诸陵。天空绝塞闻边雁，叶尽孤村见夜灯；风景怆然多少恨，寒山半出白云层"的感慨了。

马嵬坡　在兴平县西三十里，离西京一百三十里，是杨贵妃被迫自缢的地方，贵妃的墓，就在马嵬坡上。贵妃生前受尽了唐明皇的宠幸，到后来，安禄山和史思明起兵谋反，进迫西京，明皇只得挈贵妃逃到四川去暂避。不料经过马嵬坡时，六军不发，请明皇杀贵妃以谢天下，明皇无可奈何，便命高力士赐贵妃死，从此成为"马嵬坡下泥土中，不见红颜空死处"了。我们两次经过马嵬坡，只见荒草离离，凄惨万分，也无心再到贵妃墓前去凭吊了。李商隐咏马嵬诗有："海外徒闻更九州，他生未卜此生休；空闻虎旅鸣霄柝，无复鸡人报晓筹。此日六军同驻马，当时七夕笑牵牛；如何四纪为天子，不及庐家有莫愁。"描写当时唐明皇与杨贵妃生离死别的情景。与白居易《长恨歌》："天长地久有时尽，此恨绵绵无绝期"，有异曲同工之妙。

武家坡　离西京城南大雁塔西南三里余，就是平剧武家坡本事的出处。传说唐朝名将薛平贵之妻王宝钏守贞不辱，在武家坡的窑洞中住了十八年，等待薛平贵的回来。不过现在的窑洞已变做一座小庙，究竟是否薛平贵和王宝钏住过的旧宅，那就无从考据了。熊式一曾将王宝钏故事编译成英文剧，在伦敦演出，盛极一时，薛王有知，亦当含笑九泉了。

华清池　在临潼城南骊山北麓，离西京五十里。相传是唐朝华清宫的故址，池的年代甚古，泉水温度达华氏寒暑表一〇四度。秦朝称为"神女汤泉"，唐朝贞观年间在池上营建宫殿，名曰"温泉宫"。到天宝年间更名"华清宫"，那时已把温泉筑池，经安史之乱，宫室全毁。民国十九年由陕西省建设厅管理，始改名"华清池"。现设贵妃池，供家庭和团体共浴，单人池供一人独浴，尚有男女分浴池，任人免费洗澡之用。池之四周，培植花木，颇饶园林之景。从前本专为帝王享乐之所，现在已公开于一般人民，回想《长恨歌》上："春寒赐浴华清池，温泉水滑洗凝脂"的情景。重读张继咏华清池诗："天宝承平奈乐何，华清宫殿郁嵯峨；朝元阁峻临秦岭，羯鼓楼前俯渭河。玉树长飘云外曲，霓裳闲舞月中歌；只今惟有温泉水，呜咽声中感慨多。"不禁为唐明皇和杨贵妃一挥同情之泪了。

秦始皇陵　在华清池东北十五里，当始皇生前便经营陵墓的工事，在骊山北麓，占地一顷，基高五十丈，周围六七里，墓内筑石碣为宫室，以人膏为灯烛，以水银象征江海，以黄金制成凫雁，奇珍异宝，不可胜数。但后来经过项羽、黄巢两次发掘，所藏珍宝已无余有，复因牧人持火把找寻羊群，不慎失火，延烧多日，将所有宫室付之一炬，现在只剩孤冢一堆，供人凭吊，殊有"珠襦玉匣取已尽，至今空卧半羊群"的感慨。鲍溶经始皇墓下诗："左岗青虬盘，右坡白虎踞；谁识此中陵，祖龙藏身处？别为一天地，下入三泉路；珠华翔青鸟，玉影耀白兔。山河一易姓，万事随人去；白昼盗开陵，元冬火焚树；哀哉送死厚，乃为弃身具。死者不复知，回看汉文墓。"讽刺始皇厚葬之非，可谓情见乎辞了。

烽火楼　在华清池东南五里骊山第一峰上，是周朝王室向诸侯报警的设备，相传周幽王因为要博得宠姬褒姒的一笑，特在楼上举起烽火，骗诸侯的兵马前来救驾。到后来犬戎入寇，再举烽火，诸侯均按兵不动，因此幽王被杀在骊山下，西周的王室也就此灭亡，所谓"一笑倾国"，就是指此而言。

西京的生活程度，我在"川陕道上"文中，已略叙大概，现在再把实地调查所得报告于下：西京离产棉的地区不远，宝鸡且为西北纺织工业的中心，然而十六磅的粗布每匹十丈〇五尺的，已卖到六十元以上；十二磅的细布，每匹五十七元左右；土布每匹三丈六尺的，也需四元五六角；此为衣料物价的一般。米四十元一担，盐二十七元百斤，蔬菜二元百斤，猪肉八角一斤，羊肉四角一斤，此为食料物价的一般。房屋每间五元，住宅每宅五十元，旅馆自八角至十二元止，此为住室租费的一般。人力车每里一角，大车每天五元，此为代步车资的一般。此外燃料，煤二百元一吨，木炭十八元百斤，而且来源稀少，人民大有断炊的危险。但是饭馆的门庭如市，澡堂的座无虚席，而且高等澡堂如珍珠泉等，设备装修简直比平津上海的澡堂还要讲究。浴价从三角起至二元止。而且澡堂的多，与人口比例，也远过于平津上海，实为不可思议的事情。旅馆的布置，以西京招待所为最优，价从四元起至十二元止，但是因为煤炭的缺乏，热气管装而不用，并且不许旅客出钱生炭盆。西北高寒地带，冬季旅行，就不如住小旅馆舒适了。

西京一般的生活在物价昂贵的今日，实令人有"长安居，大不易"的感想。另一方面，西京市离潼关不过百里，风陵渡已被敌人占据，隔河而守，重炮之声，可以耳闻，而西京人心安定，殊出意外。还有敌机的空袭，一般市民，亦已司空见惯，不以为意，即遇炸毁市区，敌机一去，即复常态。人民一闻警报，即驶避四郊，不及逃跑的，也必避入防空壕，因此每次空袭，被难的人已绝无仅有，人民在抗战中训练得如此机警，实为难能可贵，谁说中国人民是不能训练的？

165~169

第二十九章　重游临潼

29.

重游临潼

　　我上次偕内子葆真同游西京，小住五六天，曾经费去一天的时光，同到临潼游览。上午爬登骊山，在山顶上遥望烽火楼，午前就在杨妃池初试温泉，中午在临潼招待所午膳，午后游秦始皇陵，傍晚回到西京。此次二十五日与叶君及同乡王文焕君重游临潼。是日九时由西京招待所出发，乘中央银行的汽车出了东门，走了二十六公里的平坦的西潼公路，经过潼水和坝水，与陇海铁路的潼西段，和渭河相并行。沿途两旁均是麦田，麦苗已在发出青青的萌芽，看过去好像一片无边的草原。较远的地方则为高低不一的黄土层，许多居民均住在黄土层底下的窑洞，犹如天然的防空壕。浐桥和灞桥均已窳败不堪，惟桥基尚固，公路局为保存古迹和省去一笔修桥的经费，还是利用它来权做公路的桥梁。

　　十时到达临潼，我们就在临潼招待所的门前停车。招待所就是唐朝华清宫的所在，在临潼县的南门外。南门就叫华清门，从城门至宫门的大道上有一座牌坊，叫华清坊。宫名既叫华清宫，温泉也叫华清池，到了那里为了纪念唐明皇和杨贵妃的一段故事，所以无往而非华清了。我们先在华清宫中略一游览，遂循了大骊山的山坡而行，至山腰委员长蒙难的民族复兴纪念石前而止。那里的山路非常狭窄，而且雨后经寒风的吹袭，地上凝结冰冻，穿了皮鞋上山觉得异常吃力，山顶的烽火楼只能望而却步了。民族复兴石为戴传贤手书刻石，它的上下前后左右的山石均被雕刻无遗。双十二事变，一方面表现一致拥护最高领袖的精诚，一方面表示结束内战，一致抗日的决心，实为"七·七"全面抗战的预兆，戴氏名之为民族复兴纪念，实为确当之至。

临潼在历史上所流传的，一为骊山第一峰的烽火楼。据说是周幽王为博得他的宠姬褒姒的一笑，不惜妄举烽火，

委员长蒙难处

以戏弄他的诸侯，待到敌人犬戎真的入寇，再举烽火时，诸侯均按兵不动，因此幽王便遭到了杀身亡国的惨祸。二为骊山下的温泉。那里唐明皇曾赐过杨贵妃的浴，荒淫误国，至安史之乱，不得不赐贵妃一死，自己也不得不让位于他的太子了。三为离温泉十五里的秦始皇陵。当始皇生前经营陵墓，窖藏奇珍异宝，不可胜数，后来经过项羽和黄巢两次的发掘，到现在只剩了一坯孤冢，供人凭吊。临潼在过去可称的胜迹，不过如此，一个是沉迷女色的亡国之君，一个是荒淫无度误国的皇帝，一个是巧取豪夺、贪得无厌的专制魔王。我们容易犯一种成见，以为时代较古或地域较远的人物，一定比我们同时代与同地域的人物来得伟大，不过若以临潼流传下来历史上有名的混世的君王和淫靡的嫔妃而言，虽然他们或她们均为古代的人物，其一言一行果有何价值可以给后世取法的吗？这是在参谒民族复兴石时，萦回于我的脑海中的一种感想。

十一时我们下了骊山，另从山右的一路走过华清宫的另一部分，

宫中楼台亭阁，花鸟草木，颇具园林之胜。温泉有普通、优等和男女之别，惟杨妃池中可以男女共浴。我们因待杨妃池的浴客，只得在休息室前，荷花池旁阳光下略坐。不料那里早有一对正在尝着初恋滋味的爱侣，并肩而坐，各人拿了一本书在看。见我们坐下去时，不久女的就站起身来，把男的手中的书籍一夺而去，于是男的也只好跟了她亦步亦趋地走开了。到我们洗过了澡，在食堂进膳时，他们俩又在食堂对面的走廊上席地而坐了。等到他们发现我们和其他的游客的目光集中于他们时，机警的女郎又把她的爱人扶起，携手往园中无人迹的地方走去了。伟大的爱，固然从男女之间出发，但充其量，可以扩大到对于民族、国家和世界人类的爱，而且为了爱，不惜牺牲一己的生命，以维护对象的生存。我们在抗战中前仆后继的忠勇将士，谁无父母妻子，不过为了更大的爱的对象——民族和国家，不得不以血肉之躯，冒着对方的炮火，去争我们民族的生存和国家独立与自由罢了。

杨妃池全为瓷砖筑成，横一丈五尺，直一丈二尺，四面都有三级踏步，有二个水洞，一个略高为进水洞，一个与它的底层相并为排水洞。那天气候很冷，而浴室中并无御寒的设备，叶君畏缩不前，几致扫兴而回。我知温泉水热，浴后必可增高体温，故主脱衣入浴，于是王、叶二君均跟了我入水，果然在温水中稍久，即觉热不可当，遂即出水抹干

杨妃池

了身体，再将衣服穿上，体温大增，饭后更觉遍体温暖。现在的温泉是十九年陕西建设厅所改建的，所以它的布置完全欧化，《长恨歌》上"春寒赐浴华清池，

曲江浮桥

温泉水滑洗凝脂"的温泉，想决不会有这样的讲究吧。可见在物质文明的时代，一个平民的享受也非过去几世纪前王侯所得享受的。

　　饭后二时，因我定当夜乘车赴宝鸡，遂即搭车返西京。哪知行仅半小时，离开西京不过六公里时，即遇警报，我们只好下车在麦田上疏散一下子。二十分钟光景，即闻有沉重的机声发于西京的西面，果然不久就见炸弹着地，灰土从地面直冲到天空，初似通天的巨柱，稍久即散成烟雾，悬在天空中，好像一朵灰色的云。我于十月一日夜，在成都北郊野外避空袭时，也曾经历过一次重轰炸机的突袭。飞机飞过我们的头上时，真好像多少火车头齐放着，沉重的机声，不过七架轰炸机，它们的巨声却轰一轰一轰一轰地震动着我们的耳鼓，等到在南郊掉下来巨弹时，我们站着的地面也受到簸动了。西安的防空，在消极方面已臻圆满，当我们汽车入城时，见到男女老小纷纷回城，秩序非常的良好，事后闻仅伤了二个人而已。

170~174

第三十章　从陪都到战都

30.

从陪都到战都

我于廿五日自西安回重庆。这次由陪都——西京回到战都——重庆，取道汉中，搭机飞渝，走的时间不过二十六小时，而在汉中等飞机的时光，倒费了六天之多，但沿途见到不少关于民族发源的史迹和空中奇异的景象，实为这次旅行中特殊的收获。

二十五日午夜从西京招待所到西京车站，搭十二时半的西宝夜快车，向宝鸡进发。头等卧车挂的是陇海路的绿钢车，因为煤炭的缺乏，暖气生得不够，我盖上三条毛毯，还是不能入睡。同室的老人，是由河北避难入陕，在中途下车，天尚未明，寒风刺骨，实在痛苦不堪。我在老人下车后，又把他的毛毯盖在身上，正要入睡，车就到达宝鸡站了。匆匆起身洗脸，雇了脚夫运行李，到邮局去搭本日到汉中的邮车。那时已六时半，邮车尚未装邮件。询问运输处何时可开，亦无确定时间。我遂先到城内一游，见城门已经改筑，门额大书"抗战建国"四个大字，城内街道放宽，市容甚为整洁。中央、中国、交通各银行已在此设立分支行，农本局亦设有堆栈。宝鸡地当川陕、陕甘交通的要冲，因此成为抗战时期开发西北的重镇，虽然经过日机多次的轰炸，但是商市和工厂反而在轰炸中发达起来。

二十六日晨八时四十五分，邮车始行开出，十时半登秦岭，正值风雪交加，阴云密布。大约秦岭阴雨的天气极多，所以韩昌黎有："云横秦岭家何在，云拥蓝关马不前"的句子。在秦岭上见到不少的奇景，如西北公路局的汽车，搭客和司机同集车前烤火；赶胶轮大车的骡夫把被服裹在身上，大摇大摆地在车前赶车；骡马的须凝结了冰，变做冰棒。老人的须上凝结了冰，做成一片冰饺子之类。至十一时将下秦岭时，天气忽然开朗，大概岭南的气候较为暖和缘故。下午一时方才到双石铺，我们在一家北平馆中吃中饭。三时就到庙台子，因为今天已赶不及到汉中了，就在这里的招待所内住下。招待所就在留侯庙内。这次有充分时间可以游览，看定了房间之后，就到庙后的紫柏山上去看黄石公塑像。据传说黄石公就是张良的老师，他曾在桥上使张良三次纳履，以试探张的忍耐心。紫柏山上满山皆树，远望山岭，好像一棵硕大无朋的树顶。从山脚至山顶，沿途均有亭阁点缀着，山石题字极多，均为恭维张良的语句。我住在招待所的一夜，适为阴历十三日，晚饭后重往山下散步，山上松风，山下溪声，月光从松叶中透出来，射在溪边白石上，好像是古诗"明月松间照，清泉石上流"的布景。那一夜气候严寒，幸招待所为我生了炭盆，在房中和暖如春，惟一宿到天明时，头痛欲裂，大概已中炭毒。幸次早在车上吹风，到留坝时头痛已愈。

二十七日晨七时从庙台子出发，七时半即到留坝，我和同车的另一邮车司机，同上留坝城内。从南门穿北门，不到半里路，城内多是荒土，不过有小数的破屋，可谓全国中最苦的县分了。惟北门城头，在山下望上去，好像投影画，颇含美术的意味。九时半抵褒城，沿途在石门栈道上停车浏览。这一段公路依山开筑，一边是山，一边便是褒水，天然风景已极优美，加以对岸山旁的石级和殿宇的点缀，公路铁桥的伟大建筑，与栈道凿石通路的艰巨工程相对峙，更觉得天然美和人工美均趋极点。在从褒城到汉中的公路，两旁柳树尚未落叶，道路平坦，二十分钟即到达汉中，汉中北门额刻"雍梁锁钥"四字，足见汉中地位的重要了。车抵汉中邮局时仅十时，我因候机一时不能离开，免得晚上避空袭的奔波，特为住在北门外中国旅行社特约招待所。

我在看定房间之后，就去欧亚公司定飞渝的机位，不料二十九日的飞机已经无余位，下班飞机何日可到，尚无确期。只得暂在这里住下，安心等待飞机的到来。汉中是位于秦岭和巴山两个山脉中间的平原，据汉水河谷的中部，沃野千里，商业繁盛。汉高祖得之，成就了他的帝业，诸葛亮北伐中原，也曾屯兵于此，可知这里形势的险要了。城垣筑于汉水的北岸，周约七公里，为多角形，雉堞崇雄，城墙坚固，城楼和城中心的钟楼的建筑，尤为壮丽。汉水发源于武都，致汉中始成巨流，横亘雍、梁二州，实为中华民族的发祥地，我们称汉族，实因汉水而得名的。由湖北的襄樊至这里可通舟楫，亦为敌人久思染指的地方，所以自抗战以来屡遭日机的轰炸。我到汉中的第二天晚上，正在睡兴极浓的夜半二时，就被茶房叫醒，说有空袭警报，因此匆匆起床，提了一个公事皮包，与同寓的旅客疏散到五六里外的农田中去避袭。幸而在中途遇到了两位浙江同乡，因此得以在月下同行，并在一个卖零食的担子前买了些花生米，随吃随谈，直至四时半才得解除警报，回来睡觉，第四天的早上又遇到一次警报，复在十里外一个乡村中遇到一位同乡，至十二时后解除警报时，遂相约入城同吃午饭。在这种场合邂逅一位素不相识的同乡，立刻可以变成患难之交，与从前在上海向人问路，而得不到回音的情形，可说不可同年而语了。

等到第五天（十二月一日），承欧亚公司通知，当天下午有飞机回重庆；叫我们上午十一时前须到公司等候。我从旅馆搬了行李坐着人力车而到公司，时间还早，遂在附近一家北平馆吃午饭，待十一时回到公司时，谓须到下午一时方知飞机的消息。静候至下午一时，因无线电不通仍无确实的消息，至二时始接重庆来的无线电，报告因兰州有空袭，飞机不能北飞，遂又扫兴而回旅馆。第六天（二日），早晨八时即由欧亚公司派人来通知，即日十时有飞机开行，须即刻齐集，公司中等候，我和昨天公司相遇的同机的搭客，一起雇车而去。至九时半果然接到无线电报告，飞机即刻可到，我们同坐公司的汽车而去机场，不久飞机已从东面缓缓而下。至十时半起飞，在空中往下望见汉中的鸟瞰全图，汉水在城南滚滚而流，汉中城坦凸凹，郊外一片平原，阡陌连云，沟洫交错，怪不得汉中的农产丰富，虽地处西北，而有西南民生裕如的气象。十分钟后飞入白云层的上面，那一天气候真好，坐在机中好像坐在小孩玩的飞机中，机轮在软绵绵的棉花毯上前进一般。白云弥漫横在天空，一望无际，真是古人所称的云海。十一时二十分，云散天清，俯视下界，知已入川境。再过二十分钟，白云复升，但分成一朵朵的浮云，在白云的空隙可以望见地下的事物。十二时十分已经飞到重庆市的上空，飞机照例飞盘长江与嘉陵江的交叉点上面，在江北和南岸，转到重庆江岸，缓缓朝机场降落。十二时四十分下飞机，远见我的同事二位、范君已在机场出口处相候了。适遇中央银行的潘经理益民在机场送客，承他将汽车先送我们入城，我们遂提了行李，步行而上江岸，这样总算完成我的由陪都到战都的行程。

175~179

第三十一章　归途纪程

31.

归途纪程

我从二十八年三月十九日离开香港，至十二月二十九日始重返香港，合计这次旅行，已共费了九个月零十天的时光。十二月廿一日适有欧亚机飞桂林，我预托重庆储汇局的王经理酌情订到了一个位置。不料那天十时到机场，竟有好几位搭客榜上无名，我也在落第之例。于是大家与航空公司职员大办交涉，结果限制携带行李，已购票的搭客总算都能如期飞出。十一时适有空袭消息。飞机待到下午一时二十分始行升空，四时十五分即到桂林。我在找到乐群社的客室以后，就去访老友张梓生君，适值他出。待到晚上八时承他来回访。于是三年阔别的故人，才获畅谈别后的状况，藉慰离乱中的友情。

这次本定由桂林搭火车赴衡阳，再由衡阳搭火车赴韶关。到了韶关，预备搭广东省银行的汽车赴沙鱼涌，从那里趁赴港小轮回香港的。岂知到了桂林的次日，即一连遇了四次警报。第一次在早晨七时，刚起身就见警报球已高悬在独秀峰上，因即雇车到中央银行。在中途即发警报，遂在北门外的山洞内暂避，时已七时三十分了。九时一刻警报解除，再到邮政管理局去，适又在中途发警报，乃偕同事方建标、汪一鹤、王维中三位同到七星岩避袭。这里我在二十五年双十节后三日曾到过，因时晚天黑竟未入洞，此次在警报中方获在电灯光中畅游一过，且在岩中作了一次家报，并在那里见避袭妇女多携女红在洞中工作，儿童则有活动图书馆供给读物，足见广西精神，真是不错。十一时五十分警报解除，即到广西省银行，刚与沈协理熙瑞相晤时又发警报。承沈君伉俪招待午膳，进膳未毕，电灯已熄，知已发紧急警报，因即由沈君出电炬，偕入行后郭家岩暂避。二时警报解除。即往中央银行唔吴经理耀三。三时搭该行汽车重访张梓生君，偕往功德林进茶点。四时又发警报，因即往老君洞暂避。该洞亦为旧游之地，虽未装电灯，但点有油灯，在洞内尚无黑暗之虞。这次警报竟至七时十五分解除，解除后匆匆赴四行同人之约，在新新茶社晚餐，九时始获进膳，十时后返乐群社。经一天奔波，上床后即呼呼入睡了。

二十三日七时即发警报，九时十五分解除，十时又发警报，十一时三十分复解除，这两次均避七星岩。下午一时与张梓生君在功德林进膳，回途游独秀峰下，见明桂王府遗迹，尚未被轰炸。这里曾为孙中山先生驻跸之所，省会移桂后，即设省府于此，闻被炸多次，但屹然未毁，可为重游桂林最好的印象了。四时十五分又发警报，即在中央银行后山洞暂避，本日已购得赴衡车票，五时二十五分始解除警报，六时即在中央银行进膳，六时三十分赶赴车站，与储汇局同事四位同赴衡阳。

二十四日八时十五分抵衡阳。由陈唯章君来接。即搭中央银行汽车入城。衡阳城内居民因空袭关系，均早出晚归。城内白天已无居民。余承中央银行潘经理伯奎之召，在该行进午膳，当晚六时三十分搭车赴韶关。

二十五日五时十五分，抵韶关，由中国银行洪观灿、农民银行张继盛、李元骅三君到站相接。七时二十分即发警报，遂搭中国银行汽车至东郊黄金邨中行草庐暂避。上午续发警报三次，下午一时三十分入城，访广东省银行厅顾行长季高，承允明日上午在石湾站待上车，向沙鱼涌进发，当晚仍回中行草庐休息。

二十六日晨七时起身，九时十五分，搭中国银行汽车前赴石湾。十时十三分过曹溪，离黄金邨已二十一公里。该处有南华寺为粤北古刹，因入寺参观。在我未离港时，即承俞寰澄先生见告，该寺为我国禅宗的发源地，近由李主席汉魂提倡重修，故益发我参拜之心。该寺规模颇似宁波的育王寺，与西北的塔尔寺和拉卜楞寺相较，实无甚特殊之处，但六祖止受五祖衣钵一事，实为我国佛教的创举，若宗喀巴可称西北佛教的革命家，那么六祖亦可称为南方佛教的革命家了。十一时二十五分抵马坝，即过石湾省行办事处访顾行长，至则全行人员均依装待发，顾行长适召集行员训话，知粤北军事吃紧，沙鱼涌之行恐非作罢不可了。一时由省行招待在石湾合作社午餐，餐毕承顾行长汽车送回韶关，当晚仍搭火车返衡阳。

二十七日五时三十分抵衡阳，老友中国银行吕经理越祥在对江相迎。知为粤北吃紧，他特由客陵于昨晚搭汽车来衡，并用无线电指挥韶关办事处将钞票及账据移衡。现在的银行家已与军事相配合，如顾行长的迁行连江，大队行员徒步出发，吕经理利用无线电和汽车，得预将重要物件在紧急的时候，迁移至安全地带，均可为我国银行界的前进人物了。八时搭中国银行汽车入城，九时三十分与吕经理同至中行郊外宿舍，下午一时在农民银行宿舍用膳，当晚六时三十分搭车回桂林。

二十八日六时三十分抵灵州，离桂林仅二十公里，因发警报下车赴就近山洞暂避。适见昨晚同车之某夫人因爱儿啼饿，竟不顾警报尚未解除，只身返车厢提取饼干，伟大的母爱，真可发人深思呀！八时一刻得警报解除，九时十分抵桂林，由中央银行派车来接，即赴乐群社休息。十时二十分又发警报，十一时三十分警报解除，十二时与张梓生君同进午膳于功德林。下午办理飞港购票手续，当时因由渝飞港的中航线未降下，扫兴而回。

　　二十九日八时访张志让君，十二时承邀往新生社用膳，座中有张梓生、宋云彬、张铁生、诸肇民诸君。午后闻有欧亚机过桂，因即往购票。五时前抵机场，遇绥靖公署人员检查行李，因不识徕卡软片，误为电影片，复以所摄为西北风景，必欲扣留，幸有宋云彬、诸肇民二君在场，得允检阅后发还，此事迄次年四月间始获胡愈之先生向该署谢秘书设法寄还，但川陕道中的一卷，因未洗出，致被走光，甚为可惜。那天晚上香港时间八时一刻降落九龙机场，即雇汽车返寓，适内子葆真访友未归，次儿唯勇在浴室洗澡，仅三儿唯仁在室。见面时，竟疑为梦境，见我突然于此刻归来，似信似疑，竟问我说："我是不是在做梦？"小儿言语，殊足发噱。实因我在离渝前仅告港寓以转粤返港，为期当在二十天左右，返桂后，又因飞机并无班期，免得家人记挂，还以不预行通知为是，致有三儿喜出望外的表情了。